無一우학
설법대전

(7)

無一 우학
說法大典
(7)

도서출판 좋은인연 | 우리절 **한국불교대학 大관음사**
유튜브불교대학 자매채널 비유디

설법대전을 내면서

나무 불법승(佛法僧)

먼저, 이 책을 인연하시는 모든 분들의 행복을 기도 축원드립니다.

저는 요즘 무문관 정진 중입니다만, 일주일에 한 번씩 유튜브를 통해 생활법문을 녹화하고 있습니다. 전대미문의 코로나 팬데믹(pandemic)으로 불교대학의 정규 강의와 정기 법회가 중단된 상태에서 궁여지책으로 생각한 것이 유튜브불교대학 운영이었습니다. 다행히 부처님 가피로, 애초 5천 명의 구독자로 출발하였으나, 만 2년이 되지 않아서 10만 명의 구독자를 확보함으로써 유튜브를 통해서나마 국내외 불자(佛子)님들과 소통할 수 있게 되었습니다.

저는 1992년 전세 포교당에서 한국불교대학 大관음사를 열면서 창건 이념과 3대 지표를 세웠습니다. 그 창건 이념은 "바른 깨달음의 성취와 온 세상의 정토 구현"입니다. 그리고 사찰의 3대 지표는 "근본 불교, 세계 불교, 첨단 불교"입니다. 그런데 이 창건 이념과 3대 지표가 유튜브라는 매체를 통하여 구현할 수 있게 되었으니, 코로나로 인해 대면 포교가 어려워진 상황 속에서도 크게 다행스러운 일이 아닌가 생각합니다. 참으로 전화위복입니다.

제가 본격적으로 '유튜브 생활법문'을 준비하고 점검하면서 크게 놀란 것은 시청자 연령대의 70%가 50세 이상이라는 사실입니다. 그래서 젊은 불자를 염두에 두고 전법(轉法)의 빛깔과 방향에서 고민을 하기도 하였습니다. 이 책을 인연하시는 분들께서는 그러한 점들을 유심히 살펴주시길 바랍니다.

지금은 바야흐로 유튜브라는 매체를 무시하고는 불교 포교가 어려운 시절에 살고 있습니다. 유튜브불교대학 생활법문을 하면서 저는 '법문의 현대화'를 잊지 않고 있습니다.

좋은 법문은 진리적인 것을 설하여, 이를 체험케 하는 것입니다. 그 진리적이라는 것이 현실적이라야 합니다. 그렇지 않으면 허공에 구름 잡는 얘기가 되고 맙니다. 더 나아가 현실적인 것은 생활적이 되어야 합니다. 그래서 제 법문의 특징은 생활 속에서 응용되고, 생활 속에서 행복을 찾도록 가르칩니다. 어쨌든, 제 법문의 의도가 어느 정도는 시청자들에게 먹히는 것 같아 다행스럽게 생각합니다.

독자 여러분, 그리고 유튜브불교대학 시청자 여러분! 우리 불교 인구가 많이 줄고 있습니다. 불교 포교의 큰 대안 중 하나가 유튜브를 통한 포교입니다. 제가 늘 말씀드리듯이 100만 구독자가 생기면, 미국 뉴욕의 맨해튼에 한국인이 세우는 최초의 '한국명상센터'가 들어설 것이라고 확신합니다. 이 책이 그런 면에서 크게 도움이 되기를 바라 마지않습니다.

이 유튜브를 통한 생활법문은 제 수행의 일부라고 생각하고 언제까지라도 해 나갈 것입니다. 그리하여 그때그때 정리한 원고를 모아 '無一우학 설법대전' 시리즈로 출간하겠습니다. 우리 독자 및 시청자들께서는 시리즈 전권을 소장하는 재미를 붙여 보시길 바랍니다. 아마 수년 내에 200, 300권이 될 것입니다.

불교를 진정으로 아껴 주시는 불자 여러분!

'無一우학 설법대전'이 불교 가정 가정마다 놓여질 수 있도록 관심 부탁드립니다. 주위에 많이 알려 주시고 법보시(法布施) 해 주시면 감사하겠습니다.

다른 기회에 또 뵙도록 하겠습니다.

관세음보살

무일선원 무문관에서
無一 우학 합장

설법대전(7) 목차

111
재물을 가져다 주는 스님, 포대화상 / 15

112
운이 좋은 사람이 되려면 / 25

113
초하루 기도는 꼭 동참하십시오 / 33

114
오탁악세,
참으로 어지럽고 어지러운 세상이여 / 43

115
진흙 뻘밭의 아름다운 이여, 연화보살 / 53

116
불자가 이것도 모르면 불자가 아니다 / 61

117
가장 쉬운 최고의 명상법 / 67

118
자기 자신을 진실로 사랑하는
방법이 있다 / 75

119
신내림, 꼭 받아야 하나요? / 81

120
이것이 성공의 비결이다 / 89

121
불교 관련 기념품을 집에 두라 / 95

122
인생 후반전,
행복한 은퇴자가 되려면 / 103

123
불자가 알아야 할 뻔한 이야기 / 111

124
사경한 노트를 쓰레기처럼 버리지 말라 / 121

125
삼재, 겁내지 마라 / 129

126
불자라면 제사, 천도재 때 똑바로 절하라 / 137

127
세상에 이런 일도 있다 / 145

128
재가신도가 목탁을 쳐도 되나요?
목탁의 유래 / 153

129
탁발승에게 시주 말라 / 163

130
백중, 천도재의 의미 / 171

131
바퀴벌레를 죽이면 죄가 됩니까? / 183

132
불자는 부자 되기 쉽다! 부자 되는 비결 / 193

133
불교는 인간만을 위한 종교가 아니다 / 205

134
천도재를 잘 지내려면
천도재 공덕 이야기 / 211

無一우학
說法大典

111
재물을 가져다 주는 스님, 포대화상

2020. 06. 17. 대구큰절 옥불보전

관세음보살. 유튜브불교대학 시청자 여러분, 반갑습니다. 오늘은 포대화상(布袋和尙)에 대해서 말씀을 좀 드리겠습니다. 제목은 '재물을 가져다주는 스님, 포대화상' 입니다.

어느 사찰을 가든지 흔히 볼 수 있는 스님이 바로 포대화상입니다. 몇몇 분이, "스님, 포대화상에 대해서 좀 설명을 해 주십시오."라고 부탁을 해서, 오늘은 포대화상에 대해서 말씀을 드리겠습니다.

포대화상은 부(富)를 상징합니다. 그래서 배가 불뚝하니, 배를 내밀고 있습니다. 그리고 무엇인가 잔뜩 들어있는 자루, 포대를 둘러메고 있습니다. 혹시 다니는 절에 포대화상이 있다면 지금 한번 생각해 보십시오. 제가 말씀드린 대로인지. 부를 상징하듯이 배는 불쑥 내밀고 있고, 둘러메고 있는 포대에는 뭔가 잔뜩 들어 있고요. 얼굴은 아주 통통하니 복스럽습니다. 그리고 함박웃음을 짓고 계십니다. 앉아 계신 분도 있고 서 계신 분도 있습니다. 얼핏 보면, 서양의 산타클로스와 비슷한 이미지를 주고 있습니다.

그렇다면 포대화상의 정체는 무엇일까요? 포대화상이 직접 지은 시(詩)가 있는데, 한문은 빼고 한글로 제가 한번 읽어 드리겠습니다.

나에게 포대 하나 있으니,
허공을 담아도 걸림 없어라.
열어 펴면 우주에 가득하고,
오므려 들임에도 관자재 하도다.

포대 하나를 늘 짊어지고 다니는 포대화상은 스님입니다. 화상이라는 말이 들어가면 다 스님입니다. 스님은 스님인데, 포대를 짊어지고 다녔기 때문에 포대화상이라 합니다. 포대화상의 원래 이름은 '계차(契此)', 법호(法號)는 '정응(定應)', 그래서 '정응대사(定應大師)'라고도 불렸습니다. 계차 스님은 중국의 명주, 봉화현 사람이었다고 합니다. 뭐든지 잘하였으며, 길을 가다가 피곤하면 아무 데서나 잘 잤다고 말합니다. 말 그대로 무애도인(無碍道人)이었던 것이지요.

또한 스님은 누구에게든 시주를 받았습니다. "시주

좀 하십시오."라고 하며 시주를 받아가지고는 포대자루에 넣고 다니다가, 누가 달라고 하면 전혀 아까운 내색 없이 상황에 맞게, 상대가 원하는 만큼 다 내어주었다고 합니다. 먹을 것을 포함하여 그 물건이 무엇이든 그렇게 했다고 합니다. 그래서 사람들은 포대화상을 두고 '복을 주는 사람'이라고 얘기를 했다고 합니다.

포대화상은 복을 짓고자 하는 자와 복을 받는 자와의 교량 역할을 했다고 볼 수 있습니다. 왜냐하면, 포대화상에게 '시주한다'라는 것은 복을 지은 것이고, 또 상대가 달라는 것을 포대화상이 '내어주었다'라고 하는 것은 복을 나눠 주는 것이기 때문입니다. 그렇게 복을 짓고자 하는 자와 복을 받고자 하는 자의 다리 역할을 했던 분이 바로 포대화상입니다.

어찌 보면 절의 기능과 비슷합니다. 절은 시주를 받아서 다시 좋은 데 쓰지요. 그러므로 복을 짓게도 하지만, 복을 나누어 주기도 하는 곳이 바로 절입니다. 정법도량이라면 응당 그리해야만 합니다. 한국불교대학도 그런 역할을 하려고 많은 애를 씁니다. 신도들에게는 복

*나에게 포대 하나 있으니
허공을 담아도 걸림 없어라*

을 짓게 하고, 들어온 자원을 다시 복지, 학교, 어린이집, 유치원 등 모든 시설에 다시 분배하는 역할을 착실히 합니다. 교도소 법회, 병원 법회, 군부대 법회 등 이렇게 다 환원하는 것이 모두 복을 다 나누어 드리는 것이라고 생각하면 됩니다.

한편 계차 스님, 포대화상은 날씨 예측도 잘 하셨다고 합니다. 스님이 장마철에도 짚신을 신고 나서면은 금방 날이 개고, 햇빛이 쨍쨍 내리쬐는 날에 스님이 나막신을 신고 나가면 어김없이 비가 왔다고 합니다. 이것은 길흉화복을 아주 잘 보셨다고도 볼 수 있습니다. 또 계차 스님은 한곳에 머물지 않고 늘 길을 걸으면서 많은 사람을 만나면서 참 좋은 일을 많이 하신 분이라고 알려져 있습니다. 후일, 계차 스님이 돌아가시면서 남긴 시가 있는데, 그 시의 내용이 조금 의미심장합니다.

미륵진미륵(彌勒眞彌勒)
분신천백억(分身千百億)
시시시시인(時時示市人)
시인자불식(市人自不識)

미륵불 중에도 진짜 미륵불
천백억의 몸으로 나투어
때때로 사람들에게 나타내어 보이나
사람들이 스스로 미륵임을 알지 못하더라.

'천백억의 몸으로 나투다'라는 말은 상대의 근기에 맞게 나타났다, 즉 상대의 근기에 맞는 사람으로 나타내어 보였다는 말입니다. 스님은 이런 시를 남기고 열반에 드셨습니다. 그제서야 사람들은 포대화상을 미륵보살의 화현(化現)이라고 하며, 뒤늦게 추앙을 했다고 합니다. 그래서 스님의 모습을 조각하고 그림으로 그려서 모셨습니다. 그리히여, 그 모습을 보는 이는 복을 받고, 그 모습을 보는 이는 마음이 지극히 편안해졌다고 합니다.

포대화상은 상(相)이 원만합니다. 전혀 부족하다는 생각이 들지 않을 만큼, 아주 원만하고 풍족한 상을 가지고 계시면서 늘 웃고 계십니다. 그러므로 우리 중생들은 그런 포대화상을 의지해서 지내면 좋습니다. 여기서 의지한다는 말은 상 앞에 앉아서 '포대화상, 포대화상, 포대화상…' 이렇게 정근하라는 말이 아닙니다. 우리는 언제라도 포대화상을 보면 마음이 넉넉해지잖습니까. 한국불교대학의 경우 대구큰절 입구에 포대화상이 모셔져 있는데, 포대화상이 환하게 웃으면서 신도님들을 맞이하니, 들어오는 신도님이 설령 기분이 좀 안 좋았더라도 문을 통과하면서 바로 기분전환이 확 되는 것입니다. 그것이야말로 포대화상의 법력(法力)이지요. 배가 불룩 나와서 넉넉한 마음, 환하게 웃고 있는 모습, 통통한 얼굴에 까다로운 모습은 전혀 없어요. 그러니까 사람들이 다 좋아하는 것이지요.

어느 절, 어느 곳이든 포대화상을 쉽게 만날 수 있습니다. 조각으로도 만나게 되고, 그림으로도 만나게 됩니다. 포대화상을 보시면서, '나도 저렇게 유유자적하고, 넉넉하고, 늘 웃는 사람이 되어야지' 또는 '내 마음의 포대 속에서 뭐든지 꺼내서 이웃 중생들에게 주며 포대화상처럼 살아야지' 라는 마음을 내었다면, 포대화상의 공덕을 분명히 입으리라고 봅니다.

요즘 불자님들은 나한상이나 포대화상 앞에 동전 놓

기를 좋아하더라고요. 그것도 좋습니다. 그러니 지나가면서 포대화상 앞에 동전 한 닢이라도 놓고 그러십시오. 만들어지거나 그림으로 그려 놨다고 하더라도, 그 스님은 스님입니다. 그대로 법력을 가지고 계십니다. 그림 또는 조각상이라고 해서, 절대 무시해서는 안 됩니다. 내 부모님의 사진을 단지 사진이라고 해서, 함부로 훼손한다거나 함부로 대한다면 기분이 좋겠습니까? 포대화상이 사진으로 되어 있든 그림으로 되어 있든 조각상으로 되어 있든지 간에, 직접 포대화상을 친견한다는 마음을 가져야 합니다. 그렇게 마음을 열어서 포대화상을 친견한다면, 포대화상께서 분명히 재물의 복을 가져다줄 것이고, 마음 넉넉함, 마음의 재물을 분명히 줄 것입니다.

　우리는 조각상, 그림 하나를 보고도 늘 긍정적인 마음이어야겠습니다. 또 불자로서 무엇인가 포용하려는 마음으로 사신다면 모두 본인에게 득이 될 것입니다. 그러니 늘 긍정적으로 넉넉한 마음으로 사시는 불자 되시길 바랍니다.

 내일 다시 뵙겠습니다.
관세음보살

無一우학
說法大典

112
운이 좋은 사람이 되려면

2020. 06. 18. 대구큰절 옥불보전

관세음보살. 유튜브불교대학 시청자 여러분, 반갑습니다. 오늘은 '운(運)이 좋은 사람이 되려면'이라는 제목으로 말씀을 드리겠습니다.

바로 본론으로 들어가서 말씀드리겠습니다.

첫째, 용모를 격에 맞게 잘 가꾸어야 합니다.

예를 들어, 사업하는 사람이라면 단정한 복장으로 다녀야지, 거지 차림으로 다녀서는 안 됩니다. 스님이라면 법상에 올라갈 때 가사 장삼을 아주 여법하게 갖추어 입어야 하지, 대충 평상복 차림으로 올라가서 법문할 생각은 말아야 합니다. 그래야 운이 좋은 사람이 됩니다. 운도 스스로 잘 가꾸어야 운도 찾아옵니다.

둘째, 운이 좋은 사람이 되려면 노력해야 합니다.

운이라는 것은 운이 찾아올 상황을 만들어야 합니다. 노력은 대문 밖에 나가서 운을 맞이하는 것과 같습니다. 그냥 운이 좋을 수는 없습니다. 유튜브불교대학이 잘 되는 것도 그냥 되는 것이 아닙니다. 이 유튜브불교대학 방송을 하고 있는 저 역시, 이 짧은 법문을 하면서도 아주 많은 준비를 하고, 많은 노력을 합니다.

셋째, 늘 기도하고 명상해야 합니다. 즉, 마음공부해야 합니다. 기도를 통해 우주 법계에 가득 찬 부처님의 에너지를 끌어당겨 받아야 합니다. 우주 가득 계신 부처님의 에너지, 그러한 기운을 받아야 합니다. 그리고 참선 명상하면서 자기 내면에 자리하고 있는 자성불(自性佛), 자기 부처의 촉을 키워야 합니다.

다시 말씀드립니다. 자성불, 자기 부처의 촉을 키우십시오. 그래야 거기서 어떤 영감을 얻을 수 있습니다. 자성불, 내 안에 내재하고 있는 자기 부처님의 무한한 능력이 발동되면 우주 가득히 계시는 법성불(法性佛)과 맞닿습니다. 그러면 운이 터집니다.

넷째, 긍정적으로 살아야 합니다.

항상 웃는 얼굴을 하면서 여유로운 마음가짐을 해야 합니다. 운이라 하는 것은 긍정적 에너지입니다. 불운이나 불행은 부정적 에너지입니다. 긍정적 마음가짐, 긍정적 행위는 분명히 긍정적 에너지인 운(運)을 가지고 옵니다.

다섯째, 운이 좋은 사람이 되려면 누굴 원망하지 않아야 합니다.

원망이라고 하는 것은 약자가 가지는 비굴함입니다. 부처님을 원망하고, 삼보를 원망하고, 은사를 원망한다면 그에게는 좋은 운이 오지 않습니다. 늘 예의 바르게 행동하고, 뒷담화 하지 않고, 은혜를 생각하는 사람은 그 운이 분명히 좋게 됩니다. 불평불만만 많고 늘 신경질을 내며 대인관계가 원만치 못하다면, 그 사람은 좋은 운과는 십만팔천 리 떨어져 있습니다.

여섯째, 운이 좋은 사람이 되려면 스스로에게 좋은 암시를 주어야 합니다.

항상 '나는 잘 된다', '나는 잘 될 것이다', '나는 분명히 잘 돼' 이와 같이 스스로에게 좋은 암시를 주십시오. 늘 지금의 어려움은 반드시 전화위복(轉禍爲福)이 된다고 희망적인 말을 하고, 희망적인 마음을 가져야 합니다.

또한 항상 조심해야 할 것이 있으니, 습관적으로 한숨을 반복해서 쉬면 안 됩니다. 한숨을 많이 쉬는 사람

福盡墮落, 복이 다하면
알 수 없는 나락으로 떨어지리니…

치고, 운이 좋은 사람 없습니다. 오히려 부처님의 힘, 가피가 내 온몸에 내리는 상상을 하면서 늘 미소를 머금어야 합니다. 그리하면 분명히 운이 찾아옵니다.

일곱째, 늘 창조적으로 사유해야 합니다.

절대 한 틀에 갇혀서 생각하면 안 됩니다. 남이 생각지 않은 것을 생각하는 그러한 기발함이 있어야 합니다. 이때도 명상, 참선은 아주 필수적입니다. 내 안에 든 불성(佛性), 자각성이 힘을 발휘한다면 운이 아주 좋은 사람이 됩니다.

여덟째, 마음을 잘 써야 합니다.

사리사욕보다는 공동체를 위한 원력(願力)이 앞서야 합니다. 그러면 처음에는 손해 보는 듯하지만, 나중에는 자기가 좋아집니다. 공동체 속의 나이므로 공동체가 잘 되면 나도 당연히 잘 된다는 생각을 가지고 살아야 합니다. 즉, 공심(公心)이 있으면 운이 좋은 사람이 됩니다. 공심, 즉 보살심입니다. 그리하면 불보살이 돕고, 천하 사람이 다 도와줍니다.

아홉째, 운이 좋은 사람이 되려면 전생에 쌓아 놓은

복이 많이 있어야 합니다.

   그런데 전생의 일이라 지금은 어떻게 할 수도 없습니다. 그렇다면 지금이라도 좋은 일 하고, 봉사 많이 하고, 또 부처님 전에 공덕을 짓다 보면 좋은 운이 저절로 찾아옵니다. 전생에 쌓아 놓은 복이 있어서 저절로 잘 되는 사람이라도 현재 복을 짓지 않으면, 언제 그 복이 다 날아갈지 모릅니다. 그 복을 다 까먹고 아주 낮은 곳으로 떨어질 수도 있습니다. 복진타락(福盡墮落)이라고 하는 말이 결코 빈말이 아닙니다. 복이 다하면 알 수 없는 나락으로 떨어질 수도 있습니다. 그러므로 우리는 복을 지으면서 살아야 합니다. 그러면 분명히 그 사람은 운이 좋은 사람이 될 것입니다.

   우리는 운이 좋은 사람으로 살아야 합니다. 그러기 위해서는 지금까지 제가 쭉 말씀드린 것처럼 부지런히 기도하고, 부지런히 참선 명상하고, 다선행(多善行), 보살행(菩薩行)을 하면서, 지금 이 순간 복을 지으면서 사셔야 합니다. 그런 사람은 분명히 운이 좋은 사람이 될 것입니다. 그래서 이 세상 사는 것이 더욱더 신명 나고 재미가 있을 것입니다.

 내일 다시 뵙겠습니다.
관세음보살

無一우학
說法大典

113
초하루 기도는 꼭 동참하십시오

2020. 06. 19. 대구큰절 옥불보전

 관세음보살. 유튜브불교대학 시청자 여러분, 반갑습니다. 오늘은 '초하루 기도는 꼭 동참하십시오' 라는 주제로 말씀을 드리겠습니다.

우리가 1년을 잘 살기 위해서는 정초 기도를 반드시 해야 합니다. 그리고 하루를 잘 살려면 아침 기도를 해야 합니다. 그리고 어떤 아이가 태어나서 평생 잘 살려면 부모가 대신해서라도 7세 이전까지는 그 아이를 위해서 기도해 주어야 합니다. 이러한 시간 개념으로 생각한다면, 한 달을 잘 살기 위해서는 초하루 기도를 꼭 해야만 합니다. 초하루 기도를 하면서 시작한 한 달과, 초하루 기도를 하지 않고 대충대충 시작한 한 달은 삶의 빛깔이 많이 달라질 것입니다.

"다른 사람은 초하루 기도 안 해도 잘만 살텐데…."

이렇게 말할 수도 있습니다. 하지만, 다른 사람과 비교해서는 안 됩니다. 업(業)이 다 다르기 때문에 그렇습니다. 스스로를 비교하며 살아야 합니다.

아무튼, 초하루 기도는 꼭 절에 가서 하시면 좋겠습니다. 본인의 기도와 스님들의 정성스러운 축원이 삶을 살아감에 있어 큰 힘이 되고 보탬이 될 것입니다. 그래서 좋은 일은 더욱더 좋게 될 것이고요. 설령 전생의 업장으로 안 좋은 일이 닥치더라도 기도한 에너지 덕분으로 나쁜 부분이 많이 상쇄되어 지나갈 것입니다. 기도자는 그냥 열심히 기도만 할 뿐, 어떤 일이 일어나든지 간에 수용하면서 '이나마 감사하다' 라는 마음을 가지시면 됩니다.

초하루 기도는 화엄성중(華嚴聖衆) 기도[1]입니다. 제가 이미 유튜브에서도 말씀을 드렸습니다. 유튜브 검색창에서 '우학 스님 화엄성중' 이렇게 검색하면, 제가 전에 말씀드렸던 '화엄성중' 내용을 들으실 수 있습니다. 꼭 한번 들어보시기를 바랍니다.

아무튼, 이 화엄성중 기도는 가족의 건강과 가정 평안을 주목적으로 합니다. 화엄성중이란 화엄 신장의 무리를 통칭하는 말입니다. 그래서 정근을 할 때에도 "화엄성중, 화엄성중, 화엄성중, 화엄성중…" 이렇게 말합니다. 초하루 기도에 동참해 보셨던 분은 아마 제 말이 이해가 될 겁니다. 그리고 신장의 무리라 해서 '신중(神

衆)기도'라는 말로 많이 씁니다. 참고로, '신장(神將) 기도'라고 해도 틀린 말은 아닙니다.

 신장들의 무리, 즉 신중들은 힘이 있습니다. 그래서 나쁜 무리들, 마(魔)를 막아 내는 데 큰 역할을 합니다. 부처님께서 화엄경을 설하실 때, 39위(位) 신장이 나타납니다. 이때 신장들은 '정법을 잘 지키겠다. 그리고 정법을 믿고 따르는 불자들을 다 지켜내겠다'라고 하는 서원을 합니다. 그러한 서원을 한 존재들이 바로 신장입니다. 여기에는 사천왕도 있고요. 또 확대하면 팔부 신장도 있고, 화엄경에서 말하는 것처럼 39위 신장이 있습니다. 그리고 이것이 우리나라 쪽으로 불교가 확대되면서 104위 신장까지 말합니다. 이렇듯 다양한 범주를 가진 이 신상들이 모셔진 곳은 어디인가, 그곳이 바로 신중단입니다.

 한국의 모든 법당 구조는 먼저, 법당 정면에 상단(上壇)에 해당하는 불단(佛壇), 즉 불보살님단이 있습니다. 그리고 법당의 오른쪽이든 왼쪽이든 간에 신중단(神衆壇)이 있습니다. 신중단은 불단보다는 좀 낮지만, 그래도 단이 높습니다. 그래서 중단(中壇)이라고 말해요. 이

삶의 빛깔이 달라지게 하는 초하루 기도

중단에 신중탱화라고 해서 신장들이 그림으로 모셔져 있습니다. 우리는 그 신중탱화에 대고 기도를 하지요. 조석으로 예불 드릴 때도 그쪽으로 보고 반야심경을 하고, 또 사시불공 시간에도 중단의 신중탱화를 보고 반야심경을 외웁니다. 특히, 초하루, 초이틀, 초삼일, 3일간은 신중작법(神衆作法)이라 해서, 신중탱화를 보고 본격적으로 신중기도를 합니다. 다시 말해, 초하루, 초이틀, 초삼일만큼은 불보살님에 대해서는 간단하게 인사를 드리고, 바로 옆으로 돌아서서 신중에게 기도를 올리게 된다는 말입니다.

앞서 제가 신의 무리인 신중은 힘을 가진 존재들이라 했습니다. 그래서 가끔 스님들이, "그런 나쁜 짓 하면 안 된다. 신장한테 벌받는다." 이런 말을 하는 것을 가끔 들으셨을 것입니다. 또 주위에 보면, 열심히 초하루 기도 나가시고, 신심이 좋은 분들은 큰 사고를 만났는데도 멀쩡한 경우를 종종 볼 수 있습니다. 차만 조금 부서진 정도라든가 하는 경우들이 얼마든지 있습니다. 그런 경우를 "신장이 돌봤다." 그렇게 말합니다.

이렇게 우리가 열심히 수행정진 잘하면 신장의 도움을 받습니다. 신장의 보호를 받을 수가 있어요. 신중기도는 거창하게 성불(成佛)을 바라는 그런 기도는 아닙니다. '우리가 부처님 전에 정근하고, 부처님 전에 앉아서 참선해서 더 큰 도를 이루어야지…' 하는 기도 수준은 아니라는 말입니다. 하지만 살아가면서 꼭 필요한 것이 건강이라든가 가족들이 모두 늘 평안한 그런 것들이 아닙니까. 그래야지 마음공부도 할 마음이 나고, 직장 생활을 할 마음도 나겠지요. 그렇듯이 신중기도는 큰 기도, 성불을 바라는 기도는 아닙니다만, 가족의 건강과 가정 평안을 지키는 기도임에는 틀림이 없습니다. 이러한 믿음을 가지고 늘 초하루 기도에 꼭 동참하시기를 바랍니다.

  코로나 사태로 인해 도저히 나는 절에 못 나가겠다고 하시는 분들은 유튜브불교대학에서 제시하는 신중작법(神衆作法), 즉 '신중기도 편'을 잘 펴서 집에서라도 하시면 좋겠습니다. 유튜브불교대학에도 '신중기도 편'이 잘 올려져 있으니, 그걸 참고해서 기도하시면 좋으시리라 봅니다.

그리고 또 하나 생각해야 할 것이 있습니다. '내가 지금은 미력하지만, 열심히 수행하고 힘이 갖추어진다면 나도 신장 역할을 해야겠다. 부처님 법을 보호하고 지키며, 부처님 법을 따르는 불자들을 내가 지켜내겠다' 라고 하는 그런 서원이 있으면 더욱 좋겠습니다. 만약 그렇게 한다면, 정말 힘 있는 신장이 분명히 도울 것입니다.

우리가 신장에게 기도하는 것은 좋은 일입니다. 그와 아울러서, "부처님, 신장님, 저도 부처님 정법을 지키고 보호하는 불자가 되도록 노력하겠습니다." 이렇게 한다면, 초하루 기도에 다니는 불자의 마음으로서는 가장 최상이 되겠습니다. 초하루 기도에 동참하신 공덕으로 늘 하시는 일이 모두 다 잘 되시고, 건강하시기를 진심으로 기도 축원 드립니다.

내일 다시 뵙겠습니다.
관세음보살

참고하시면 좋은 법문

(1) 화엄성중, 신장이 지켜준다(설법대전 2)
* 초하루 신중기도를 집에서 하려면(유튜브 생활법문)

無一우학
說法大典

114
오탁악세(五濁惡世)
참으로 어지럽고 어지러운 세상이여

2020. 06. 20. 대구큰절 옥불보전

 관세음보살. 유튜브불교대학 시청자 여러분, 반갑습니다. 오늘은 '오탁악세(五濁惡世), 참으로 어지럽고 어지러운 세상이여'라는 제목으로 말씀드리겠습니다.

책을 읽거나 법문을 듣다 보면, 사바세계를 '오탁악세'라 표현한 것들을 자주 접할 수 있습니다. 그런데 오탁악세에 대한 구체적인 뜻을 제대로 새기고 있는 사람은 많지 않은 것 같습니다. 그래서 제가 오늘 그 뜻에 대해 말씀드리려 합니다.

오탁악세(五濁惡世)란 '다섯 가지 흐림의 악한 세상'이라는 말입니다. 여기서 탁은, '흐릴 탁(濁)'자입니다. 이 글자는 '어둡다', '혼돈스럽다', '문제 있다' 등의 의미를 내포하고 있습니다. 그래서 오탁(五濁)은 말 그대로 '다섯 가지 흐림'을 나타내는 것으로, '겁탁, 견탁, 번뇌탁, 중생탁, 명탁'을 말합니다. 그러므로 오탁악세라 함은 다섯 가지 흐림의 세상이므로 악한 세상, 즉 악세(惡世)라는 말입니다.

왜 악세(惡世)인가? 오탁(五濁), 다섯 가지 흐림이라는 것 때문에 악세(惡世)가 된 것이지요. 그렇다면 다섯 가지 흐림이 무엇인지 구체적으로 살펴볼 필요가 있지 않겠습니까? 지금부터 하나씩 살펴보겠습니다.

  첫째는 겁탁(劫濁)입니다.

  여기서 겁(劫)은 시대를 말합니다. '이 세월, 이 시대가 흐리다' 라는 말입니다. 이 시대 자체가 흐리다, 즉 어둡고 혼돈스럽고 문제가 많다는 말입니다. 지구 온난화 문제, 대기 오염의 문제, 질병, 기근 등 이러한 어려움이 모두 겁탁(劫濁)입니다. 지금 세계적으로 유행하고 있는 전염병 코로나 결국엔 다 겁탁입니다. 이 세월 자체가 그렇다는 겁니다. 누구도 예외가 될 수 없습니다. 세월이 그러하므로 모두 다 그러한 과보를 받을 수밖에 없습니다.

  왜일까요? 중생들이 겪는 모든 일은 스스로 만든 탐(貪)·진(瞋)·치(癡) 삼독(三毒)에 기인합니다. 삼독에 기인한 공업(共業)이므로 같이 그 기운을 받을 수밖에 없습니다. 인류가 저지른 이 악업의 과보를 다 함께 받는 것, 그것이 바로 겁탁입니다. 세월의 흐림, 겁탁(劫濁)입니다.

둘째, 견탁(見濁)입니다.

견은 견해라고 할 때 견(見) 자입니다. 견해의 흐림, 견해의 어두움, 견해의 혼돈스러움, 견해의 잘못된 문제들을 의미합니다. 그런 것들로 인해 이 세상은 어지럽습니다. 악세가 된 것입니다.

사실, 모든 불협화음의 발단은 견해의 혼돈이라고 봐야 합니다. 요즘 한번 보십시오. 진리가 아닌 그릇된 사상이 판을 칩니다. 허무맹랑하기 짝이 없는 창조론이 아주 득세합니다. 또 숙명론, 우연론 등의 사상들도 현재 이 세상을 어지럽게 합니다. 말 그대로 견탁(見濁)의 시대입니다.

셋째, 번뇌탁(煩惱濁)입니다.

요즘 여러 복잡한 일들로 인해 사람들의 마음이 심히 번뇌스럽습니다. 소위 말하는 정보의 홍수로 인해 정신이 없습니다. 그런데 그 정보라는 것도 엉터리가 많습니다. 그렇다 보니 번뇌거리가 산처럼 매일매일 쌓입니다.

정신 차리지 않고 뉴스를 보면, 과연 내가 무엇을 해

현실을 똑바로 보라
무엇이 그리 좋은가?

야 할지 혼미해집니다. 그래서 뉴스를 들으실 때도 정신을 차리고 들어야 합니다. 뉴스에서도 사실, 즉 팩트 없이 잡생각, 추측에 기인한 경우가 많습니다. 말 그대로 인간 번뇌의 소산이 뉴스일 수도 있습니다. 그런데 우리가 자꾸 그런 것들 속에 파묻히다 보니, 삶이 어지러울 수밖에 없습니다.

넷째, 중생탁(衆生濁)입니다.

중생탁, 중생들의 삶이 정도(正道)를 벗어났다는 말입니다. 정도를 벗어났기 때문에 중생살이가 대단히 어지럽고 혼탁스럽다는 것을 나타냅니다.

주변에서 들리는 얘기들을 한번 보십시오. 인류 도덕의 타락이 아주 극에 달했습니다. 배은망덕(背恩忘德)한 짓을 하는 사람도 참으로 많고요. 파렴치한 인간들도 너무 많습니다. 세상을 어지럽게 하는 중생들이 너무 많습니다. 그러한 도덕 불감자(不感者)들, 반인륜적인 중생들이 세상을 흐려놓고 있기 때문에 중생탁(衆生濁)이라 이렇게 이름을 붙입니다.

다섯째, 명탁(命濁)입니다.

명은 운명, 수명의 명(命) 자입니다. 인간의 수명은 대단히 불분명하고, 늘 불안합니다. 교통사고 등 사고도 많고요. 또 알 수 없는 병들이 많이 나타납니다. 그리고 임신 중절로 인한 수명의 단절도 많습니다. 그래서 수명이 늘 불안하다, 이렇게 말하는 것입니다.

　그리고 오래 살기는 하나 목숨이 불완전한 시간이 너무 깁니다. 20년, 30년을 병을 앓으면서 산다고 생각해 보십시오. 그러면 그것이야말로 생명 가치에 대한 혼돈입니다. 무턱대고 오래 산다고 해서 좋은 게 아니지 않습니까? 말 그대로 우리는 명탁(命濁)의 시대에 살고 있다, 이렇게 보면 됩니다.

　현명한 사람이라면 이 세상이 오탁악세라는 것을 분명하게, 똑똑히 인식을 해야 합니다. 정신 차려야 한다는 말입니다. '이미 오탁이 만연한 세상이니 여기에 묻혀서, 그냥 대충대충 살아야 한다는 말인가?'라고 생각할 수도 있습니다. 그런 것이 아닙니다. 부처님께서 법화경(法華經) 등 대승경전에서 오탁악세를 많이 언급하신 것은, 오탁악세가 아닌 불국정토로 가야함는 강조하시기 위해서입니다.

"현실을 똑바로 보라. 무엇이 그리 좋은가? 사바세계, 악세(惡世)인 여기를 빨리 벗어나야 하지 않겠느냐? 벗어나려면 어떻게 해야 하는지 내가 가르쳐주겠노라." 해서, 부처님의 가르침이 계속 진행이 되는 것입니다. 또, 그러한 가르침들이 우리 마음속 깊숙이 파고드는 것이지요. 요즘 말로 하면, 부처님 가르침이 우리에게 꽂히게 되는 것입니다.

다시 정리하여 말씀드리겠습니다.

오탁악세가 이렇게 설해지고 있는 것은 첫째, 좋은 세상, 불국정토, 아름다운 세상, 맑은 세상이 있음을 강조하기 위해서입니다. 둘째, 오탁악세에서 벗어나 반드시 부처님 세상으로 나아가야 한다는 것을 강조하신 것입니다.

우리는 부처님 법대로 부처님 말씀을 잘 받아들여서 열심히 공부하고, 참선 기도 등 수행하며, 이웃을 위해서 봉사하고 포교하며 살아야 합니다. 그러면 이 오탁악세의 어려운 세상을 딛고 넘어서서 불국정토, 부처님이 계시는 좋은 세상을 얼마든지 만들 수 있습니다. 그러한 세상을 우리 스스로 구가할 수 있다는 것이지요.

　우리가 다 함께 힘을 합쳐서 불국정토 건설에 매진해야겠습니다. 그 때문에 이 유튜브불교대학도 필요한 것이 아니겠습니까? 불국토 건설을 염원하며 다부지게 공부하고 수행하고 포교하며 나아가는 불자들이 되시길 바랍니다.

내일 다시 뵙겠습니다.
관세음보살

無一우학
說法大典

115
진흙 뻘밭의 아름다운 이여, 연화보살

2020. 06. 21. 세계명상센터 보은전

 관세음보살. 유튜브불교대학 시청자 여러분, 반갑습니다. 오늘은 연꽃에 대한 얘기를 좀 할까 합니다.

연꽃은 흔히 '불교의 꽃'이라고 말들 합니다. 이것도 한 며칠에 걸쳐 이야기해야 할 것인데, 오늘은 일단 연꽃에 대한 맛만 조금 보여 드리겠습니다.

요즘 다니다 보면 부처님 오신 날 봉축 등(燈)이 여기저기 많이 걸려 있습니다. 우리는 으레 등(燈)이라 하면, '연꽃 등'을 생각합니다. 연꽃등, 즉 연등입니다. 연꽃이 인기가 너무 좋으니, 등을 만드는 데도 연꽃 모양으로 만들었다고 보시면 됩니다.

연꽃은 꽃 중의 여왕이라고 불릴 정도로 그 자태가 아주 고상합니다. 세계 어디서든 연꽃은 큰 대접을 받고 있습니다. 특히, 부처님께서 활동하셨던 인도의 국화(國花)가 바로 연꽃입니다.

앞서 말씀드렸지만, 연꽃은 불교의 꽃입니다. 그렇다면, 불교에서는 왜 이 연꽃을 그토록 중요하게 생각하는 것일까요? 연꽃에 의미가 있기 때문에 그렇습니다. 오늘은 그 의미 중 한 서너 가지만 말씀드리고, 후일에 더 보충해서 말씀을 드리도록 하겠습니다(1).

연꽃의 의미입니다.

첫째, 연꽃은 처염상정(處染常淨)의 꽃입니다.

연꽃은 더러운 진흙 뻘밭에서 피지만 '상정(常淨)'이라, 항상 깨끗합니다. 이는 우리가 가야 하는 보살의 삶을 나타내고 있습니다. 이 세상이 아무리 혼탁하고 어렵다 하더라도 우리는 부처님 제자로서 연꽃처럼 깨끗하게 살아야 하지 않겠습니까? 처염상정, 연꽃은 우리에게 그런 가르침을 주고 있습니다.

둘째, 연꽃은 화과동시(花果同時)의 꽃입니다.

화과동시, 꽃과 열매가 같이 생겨나서 같이 영글어 간다는 뜻입니다. 세상에 있는 모든 꽃들은 꽃이 지면 거기서 씨방이 점점 영글어집니다. 그런데 연꽃은 그렇지 않습니다. 연꽃이 필 때 보면 연 씨가 같이 맺혀져 있습니다. 참 희한한 일이지요. 꽃과 씨방이 같이 생겨나서 여물고 있다는 것은 원인 속에 결과가 있다는 것을 나타냅니다. 즉, 원인이 있으면 반드시 결과를 같이 잉태한다는 불교 진리를 이 연꽃이 나타내고 있습니다. 그래서 중요합니다.

셋째, 연꽃은 연실불실(蓮實不失)의 꽃입니다.

연밥을 연실(蓮實)이라 합니다. 그래서 연실불실이라, 즉 연밥은 없어지지 않는다는 뜻입니다. 다시 말해 연밥은 그 생명력이 없어지지 않는다, 이 말입니다.

중국 막고굴에 천 년도 넘는 오랜 시간 전에 누군가 연실을 넣어두었던 모양입니다. 그런데 그 연실을 물에 넣어 파종을 하니, 거기서 움이 터서 연이 자랐다고 합니다. 이를 통해서 알 수 있는 것이 바로 연실은 그 속성이 절대로 없어지지 않고 그대로 유지, 보존된다는 것입니다.

연실의 이런 특성은 우리의 불성(佛性)을 상징하고 있습니다. 일체중생이 다 불성(佛性), 부처님 성품이 있다고 했습니다. 이 불성은 아무리 자기가 중생 짓을 하고 또 못된 짓을 하더라도 그대로 남아 있습니다. '낱낱 중생들에 있는 불성 종자는 절대 없어지지 않고, 때가 되면 부처가 될 수 있다'라고 하는 희망적인 메시지를 연꽃이 가지고 있습니다.

 이렇게 세 가지만 보더라도 연꽃이 얼마나 훌륭한 덕성을 가르치는 꽃인가를 충분히 알 수 있습니다. 연꽃의 의미를 다시 한번 정리해서 말씀드리겠습니다.

 첫째, 연꽃은 처염상정의 꽃입니다. 여기서 처염상정을 '어니불염(淤泥不染)', 즉 '진흙 뻘밭에서도 더럽혀지지 않는다'라고 표현할 수 있습니다.

 둘째, 연꽃은 인과동시(因果同時)를 나타내는 화과동시의 꽃입니다.

 셋째, 연꽃은 종자가 절대 없어지지 않는 종자불실의 꽃입니다. 이는 우리의 불성을 나타내는 것으로서 언제까지라도 없어지지 않는 불성을 상징합니다.

 이처럼, 우리는 연꽃을 통해 엄청나게 많은 메시지를 느낄 수가 있습니다.

 한국불교대학 감포도량 무일선원의 뒷산 이름이 연대산입니다. 연대산은 '연화대 산'이라는 뜻을 가지고 있습니다. 이미 옛 선조들의 그러한 예지력에 의해, 산

이름에서부터 이 도량이 여기에 있게 되리라는 것을 드러내고 있는 것이지요.

오늘 무일선원 무문관의 일종식(一種食), 하루 한 끼 먹는 공양 시간에 반찬으로 연뿌리가 들어왔습니다. 잘린 연뿌리를 보니, 구품(九品) 극락세계를 생각하게 되었습니다. 왜냐하면 연뿌리에 구멍이 아홉 개가 나 있는데, 옛날부터 이를 극락세계의 구품을 얘기한다, 구품을 상징한다고 했거든요.

이처럼, 연은 뿌리부터 줄기를 지나 꽃까지 우리에게 무엇인가를 가르치는 꽃입니다. 그래서 연꽃이 여왕의 꽃, 꽃 중의 여왕이라고 불리지 않았을까 싶습니다.

우리는 연꽃을 보면서 보살도의 삶, 깨어있는 삶을 살아야겠습니다. 후일에 다시 연꽃에 대해서 좀 더 설명을 드리도록 하겠습니다.

 내일 다시 뵙겠습니다.
관세음보살

참고하시면 좋은 법문
(1) 연꽃의 여섯 가지 큰 덕(설법대전 11)

無一우학
說法大典

116
불자가 이것도 모른다면 불자가 아니다!

2020. 06. 22. 대구큰절 옥불보전

관세음보살. 유튜브불교대학 시청자 여러분, 반갑습니다. 오늘은 '불자가 이것도 모른다면 불자가 아니다' 라는 주제로 말씀을 드리겠습니다.

부처님께서 제자들에게 가르친 최초의 설법이자, 불교 전반에 깔고 있는 사상은 아주 간단합니다. 바로 모든 것은 다 인연 되어 일어난다는 사실입니다. 이를 '인연생기(因緣生起)' 라 합니다. 줄여서 연기(緣起)라고 합니다.

모든 것은 다 인연 되어 일어난다, 이것이 불교의 주된 사상 '연기 사상' 입니다. 요즘 말로 모든 것은 다 관계성이라는 것입니다. 다시 말해, 관계를 어떻게 짓느냐에 따라서 결과가 달라진다, 이 말입니다. 관계가 행복을 결정하고, 관계가 불행도 결정합니다. 좋은 관계는 행복을, 나쁜 관계는 불행을 만듭니다. 그래서 인연법(因緣法)이 가장 소중하다고 볼 수 있습니다.

최근 일입니다. 미국 하버드대 의과대학에서 75년에 걸쳐 오랜 세월 동안 '행복과 만족감' 에 대한 연구를 한 결과, "릴레이션십(Relationship), 관계가 행복을 결정하는 요소이다."라고 하였습니다. 75년간 남성 724명의 삶을 추적한 결과를 발표한 것이니만큼 믿을 만하다 봅니다. 또한 조사는 참가자의 직업, 건강, 결혼, 가정생활, 친구 관계 등 삶의 전반에 걸쳐 이루어졌다고 합니다. 연구에 따르면, 가까이 있는 사람들과의 관계가 좋으면 신체적으로도 건강하고 오래 산다는 것입니다. 또, 관계가 좋으면 뇌의 건강도 좋았다고 합니다. 그래서 바람직하고 따뜻한 관계, 즉 관계에 대한 만족도가 돈이나 명예보다 훨씬 중요한 것임을 시사하였습니다.

사실 연구라는 것이 때로는 지극히 상식적이고 일반적인 것을 재삼 확인하는 경우가 많습니다. 불교적 입장에서 보면, 하버드 대학 연구는 사실 별것 아닙니다. 불교적 상식 같은 것을 75년간 고생하면서 연구 업적이라고 내어놓은 것입니다. 하지만 이런 연구가 불교의 연기 사상을 생활에 긍정적으로 응용할 근거가 잘 마련된 것으로 보입니다.

연구 결과에서도 드러났듯이, 좋은 관계는 우리 인생

을 행복하고 건강하게 하니, 어쨌든지 지금 맺고 있는 이 인연을 긍정적으로 잘 가꾸어서 좋은 인연이 되도록 해야겠습니다.

연기(緣起), 인연생기(因緣生起)의 일반적인 이론은 네 구절로 압축합니다.

이것이 있으므로 저것이 있다.
차유고피유(此有故彼有)

이것이 생겨남으로 저것이 생겨난다.
차생고피생(此生故彼生)

이것이 없으므로 저것이 없다.
차무고피무(此無故彼無)

이것이 없어짐으로 저것이 없어진다.
차멸고피멸(此滅故彼滅)

이렇게 네 가지로 압축됩니다. 이 부분을 여러 번 읽고 외워 보시길 바랍니다.

불교의 기본 사상은 연기(緣起) 사상입니다. 요즘 말

로는 관계성입니다. 이 관계성이야말로 우리가 살아감에 있어서 절대적으로 필요한 것으로 관계성, 즉 인연을 잘 지으면 행복할 수 있습니다.

내일 다시 뵙겠습니다.
관세음보살

無一우학
說法大典

117
가장 쉬운 최고의 명상법

2020. 06. 23. 대구큰절 옥불보전

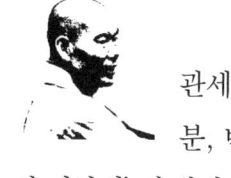관세음보살. 유튜브불교대학 시청자 여러분, 반갑습니다. 오늘은 '가장 쉬운 최고의 명상법'에 대해서 말씀을 드리겠습니다.

명상이 요즘 대세입니다. 명상은 참나를 찾는 수행으로서, 모든 인류가 여기에 관심을 가지고 있습니다. 동서고금이 없을 정도입니다. 그래서 명상하는 방법도 수천 가지입니다. 참으로 다기망양(多岐亡羊)하여 종잡을 수 없을 지경입니다.

이 부분에 대해 저 자신도 많은 혼돈이 있었습니다. 저 역시 많은 시행착오를 겪으면서 깊이 사색하고 연구한 끝에, 가장 쉽고도 간단한 명상 방법을 제 나름대로 정립했습니다. 오늘 그에 대해 소개해 드리려 하니, 지금부터 제 설명을 잘 들으시고 따라 하시면 큰 이익과 소득이 있으시리라고 봅니다.

먼저, 관세음보살님을 또렷하게 자주자주 떠올려야 합니다. 관세음보살을 또렷하게 생각하라, 이 말입니다. 바로 부처님을 관(觀) 하는 것입니다. 앞에 사진을 두어도 관계는 없습니다. 반드시 관세음보살님이 아니어도 됩니다. 본인이 좋아하는 부처님이 계시면, 그 부처님을 관 하면 됩니다.

단정히 좌선의 자세로 앉아서, 먼저 부처님의 이미지를 또렷하게 떠올리십시오. 부처님 상호, 즉 관세음보살님의 상호를 아주 또렷하게 자기 머릿속에 넣어야 합니다. 그것이 가장 중요합니다.

이것이 잘 되면, 머릿속에 넣은 관세음보살의 이미지를 자기 얼굴로 가져와야 합니다. 사진을 보고 하시는 경우라면 앞에 놓인 부처님 사진, 관세음보살님의 사진을 또렷하게 자기 얼굴에 갖다 놓으시라는 겁니다. 그래서 자신의 눈에 관세음보살님의 눈을, 자신의 코에 관세음보살님의 코를, 자신의 입에 관세음보살님의 입을, 자신의 전체 얼굴에 관세음보살님의 상호를 그대로 클로즈업 시켜서 갖다 두십시오.

여기까지만 잘 되어도 큰 공부를 하고 있는 겁니다. 이것은 관법(觀法), 즉 비빠사나 수행의 결정판이다, 이렇게 볼 수 있습니다. 그래서 앉아 있을 때나 서 있을 때나 어디를 가고 있을 때, 언제 어디서나 항상 관세음보살님의 거룩한 상호를 자기 얼굴에 그대로 갖다 놓고, 그것을 관 할 수 있어야 합니다. 염주는 들어도 좋고, 안 들어도 좋습니다. 늘 관세음보살님의 상호를 자신의 얼굴에 두고 관 해야 합니다. 또 다른 '나'라는 것이 있어서 관세음보살님의 상호가 본인의 얼굴에 또렷하게 새겨진 것을 바라보고 있어야 합니다. 바라보고 있는 존재가 있어야만 보이는 것입니다. 따라서, 본인의 얼굴에 관세음보살님 상호를 그대로 갖다 두고 관세음보살님을 응시하는 '그 무엇'을 다시 찾아야 합니다. 관세음보살님을 또렷하게 보고 있는 어떤 당체, 주인공이 있습니다. 그 주인공, 당체에 대해서 '현재 관세음보살님을 또렷하게 보고 있는 주인공, 당체는 도대체 무엇일까?' 또는 '무엇이 있어서 관세음보살님을 현재 보고 있는가?', '무엇이 있어서 관 하고 있는가?' 하며, 궁구해야 합니다.

최고의 명상법을 간단하게 다시 정리해 보겠습니다.

첫째, 자기 얼굴에 관세음보살님의 이미지를 분명히 새겨라.

둘째, 관세음보살님을 보는 또 다른 나; 주인공을 다시 찾아라.

셋째, 그렇다면 관세음보살님을 보는 주인공, 그 당체는 도대체 무엇인가, 이에 대해 깊이 궁구하라.

화두로써 우리에게 잘 알려진 것 중 '이 무엇인가?' 즉 '시심마(是甚麼)'라는 것이 있습니다. 이 화두의 연장선이라고도 볼 수 있습니다.

'이 무엇인가?'

'관세음보살님을 또렷하게 보고 있는 당체가 분명 있는데, 보고 있는 이 당체는 무엇인가?'

'도대체 무엇이 현재 관세음보살님을 보고 있는가?'

'무엇이 현재 관세음보살님을 찾고 있는가?'

여기까지 들어간다면 완벽한 명상 수련이 되겠습니다.

다시 말씀드리겠습니다.

먼저 관세음보살님을 아주 또렷하게 자기 얼굴에 새기고, 그다음 관세음보살님을 또렷하게 새기고 있는 당체를 다시 생각해야 합니다. '도대체 무엇이 관세음보살님 상호를 또렷하게 관 하고 있는가?', '관 하고 있는 당체, 관 하고 있는 주인공은 도대체 무엇인가?' 이 질문을 '관관음자(觀觀音者) 시개심마(是箇甚麼)'라 합니다. '관세음을 보는 자, 이것이 무엇인가?'에 까지 들어간다면, 이는 비빠사나 수행과 화두 수행을 겸한 완벽한 명상이 됩니다. 완벽한 참선 수련이 된다는 말입니다. 아주 쉽고도 간단한 방법이지요?

이것을 실제로 스스로 해 보면서, 자주자주 연습을 해야 합니다. 그리하면 이 수행이 자기 자신이 살아감에 있어 큰 힘을 줄 것입니다.

관세음보살님을 관 하면서, 관 하는 주인공 다시 찾기, 이것은 제가 창안한 방법입니다. 제가 창안한 방법이긴 하지만, 대단히 중요합니다. 또, 이보다 더 좋은 방법은 없다고 생각합니다. 이 방법은 제가 '선관쌍수(禪觀雙修)'라고 이름을 붙였습니다.

'관(觀), 관세음보살님을 관 하면서 선(禪), 관세음보살님을 관 하고 있는 당체는 도대체 무엇인가, 무엇이 현재 관세음보살님을 관 하고 있는가? 거기까지 들어가는 것입니다. 이 방법을 가지고 부단히 수행해 보시길 바랍니다.

 내일 다시 뵙겠습니다.
관세음보살

無一우학
說法大典

118
자기 자신을
진실로 사랑하는 방법이 있다

2020. 06. 24. 대구큰절 옥불보전

관세음보살. 유튜브불교대학 시청자 여러분, 반갑습니다. 오늘은 '자기 자신을 진실로 사랑하는 방법이 있다' 라는 주제로 말씀을 드리겠습니다.

자기 자신을 사랑하지 못하면서 세상을 사랑할 수는 없습니다. 그리고 세상을 사랑하지 않으면서 대승 보살이라 할 수는 없습니다. 그러므로 자기 자신을 사랑한다는 것은 대승 보살적 삶의 출발이자 완성입니다.

그렇다면, 어떻게 하면 자기 자신을 사랑할 수 있을까요?

첫째, 나에게는 부처님의 성품이 있음을 굳게 믿어야 합니다.

아유불성(我有佛性)이라, 나에게 부처님 성품 있음을 믿어야 합니다. 매우 대단한 부처님 성품이 나에게 있다고 철저히 믿으면, 세상을 살아감에 있어서 자신감이 생겨납니다. 또, 무엇이든지 할 수 있다는 긍정적인 마음이 가득해집니다.

부처님께서는 일체중생(一切衆生) 개유불성(皆有佛

性), 일체중생이 다 불성이 있다고 분명히 말씀하셨습니다. 그러므로 나 또한 부처님 성품을 가지고 있습니다. 무엇이든지 다 성취할 수 있는 가능성이 이미 내 안에 갖추어져 있다는 말입니다. 부처님 성질, 부처님 기질이 내 안에 내재하고 있으니, 세상살이에 두려워할 것이 없습니다. 내 안에 불성이 있다, 내 안에 부처님 성품이 있다는 이 믿음이야말로 자기 자신을 사랑하는 첫 번째 방법입니다.

둘째, 우리는 때로 자제해야 합니다.

내 안에 부처님 성품이 있긴 하지만, '나'라고 하는 존재는 아직도 중생의 기질이 여기저기 덕지덕지 붙어 있어서 자칫하면 중생의 기질이 발동됩니다. 그래서 금강경에서 말하는 것처럼 항복기심(降伏其心) 해야 합니다. 항복기심, 즉 일어나는 중생심을 그때그때 항복받아야 합니다. 나쁜 짓 하고 싶은 마음, 게으르고 싶은 마음, 방탕하고 싶은 마음을 자제하고 스스로 통제해야 합니다. 그것이 자기 자신을 철저히 사랑하는 방법입니다.

셋째, 좋은 에너지가 있는 것과 친해야 합니다.

자기 자신을 진심으로 사랑하기 위해서는 좋은 에너지와 잘 어울려야 합니다. 그래야 좋은 기운을 받을 수가 있습니다. 좋은 부처님, 부처님도 내 마음에 들면 좋은 부처님이지요. 좋은 부처님, 좋은 절, 좋은 스님, 그리고 좋은 선생님, 좋은 일, 좋은 공부, 좋은 운동 등 '좋다' 라는 것은 다 관계됩니다.

우리는 아직 중생이기 때문에 환경의 지배를 받는 수가 많습니다. 그러므로 일부러라도 마음을 내서 좋은 에너지와 친하려는 노력을 해야 합니다. 좋은 에너지와 자꾸 친하다 보면, 자기 자신도 점점 좋아지게 되지요. 그래서 진실로 나를 사랑하려면 좋은 에너지와 어쨌든지 친해지라는 것입니다.

넷째, 스스로를 부처님이라고 생각해야 합니다.

관세음보살을 외울 때, 관세음보살을 자기 얼굴에 또렷하게 새겨볼 필요가 있습니다. 이렇게 하는 것이 처음에는 쉽지 않을 수도 있습니다. 처음에는 부처님 사진이나 부처님을 앞에 모신 상태에서 그것을 유심히 잘 관(觀) 하다가, 그 관 하는 이미지를 자기 얼굴에 딱 갖다 놓으십시오. 그러면 그 순간은 자기 얼굴이 부처님 상호로 되는 것입니다. 그런 식으로 적어도 하루에 두세 차례, 관세음보살의 상호를 자기 얼굴에서 찾아보십시오.

자기 얼굴에서 관세음보살님이 또렷하게 새겨진다면, 그 순간은 바로 부처입니다. 바로 부처님의 분신이 되는 것입니다. 그리하면 자기 자신이 부처이므로 스스로를 사랑하지 않을 수 없을 것입니다. 더 나아가 궁극에는 스스로 '나는 부처님의 화신(化身)이다', '나는 부처님의 한 조각이다' 이렇게 생각한다면, 세상살이가 훨씬 더 보람되고 더 의미가 있어지지 않을까 생각합니다.

서두에 말씀드렸듯이, 자기 자신을 진실로 사랑해야지 세상을 사랑할 수 있고, 세상을 사랑하는 사람이 바로 대승 보살이자 부처입니다.

오늘 제가 말씀드린 자기 자신을 진실로 사랑하는 방법 네 가지, 이것을 여러 번 생각하시면서 자기 인생을 가꾸는 데 좀 참고해 보시기 바랍니다.

내일 다시 뵙겠습니다.
관세음보살

無—우학
說法大典

119
신내림, 꼭 받아야 하나요?

2020. 06. 25. 대구큰절 옥불보전

관세음보살. 유튜브불교대학 시청자 여러분, 반갑습니다. 시청자 여러분들의 관심 덕분에 우리 채널 구독자 수가 많이 늘어나고 있습니다. 더욱더 열정적으로 포교에 동참해 주시면 감사하겠습니다.

제가 지금 하고 있는 이 법문은 생활법문입니다. 그래서 여기서는 일상생활을 하면서 필요한 것들과 관련된 이야기들을 주로 합니다. 좀 더 깊이 있는 불교 교리 공부를 원하시는 분들은 '우학 스님의 금강경'이나 '우학 스님의 육조단경' 또는 멤버십을 이용하여 강의 듣기를 권해드립니다.

오늘은 '신내림을 받아야 하나요?'라는 주제입니다. 제가 한 신도님의 편지를 잠시 읽어드리겠습니다.

"신을 받으라고 하는데 어떻게 하지요? 저는 정통 불교가 어떤 것인지는 잘 모르고, 무속인 집에 가끔 가서 상담을 했습니다. 그런데 얼마 전 그 무속인이 제게 신을 받으라고 했습니다. 요즘 몸이 시름시름 아프다고 했더니, 무속인이 그런 말을 했습니다. 만일 제가 받지 않으면 제 딸이 받아야 한다고 합니다. 참으로 난감합니다. 한 말씀 부탁드립니다.

그리고 한 가지 더 여쭙고 싶은 것이 있습니다. 스님, 정말 신의 세계가 있는지요?'

먼저 '신의 세계가 정말 있나요?' 이 질문에 단도직입적으로 말씀을 드리겠습니다. 신의 세계는 있습니다. 그리고 신이 점을 치는 수도 있습니다. 그런데 우리가 생각해야 하는 것이 있으니, 신이 있기는 하지만 깨닫지 못한 중생의 범주를 벗어나지 못한다는 것입니다. 신에게 대단한 신통력이 있는 것처럼 보이지만 사실 그것은 신통과는 거리가 좀 멉니다.

몸에 신 기운이 실리면, 즉 빙의가 되면 그 순간 체중이 안 나간다고 합니다. 단지 그것은 몸에 신 기운이 실리니까 체중이 나가지 않는 현상일 뿐입니다. 신도 영특한 신이 있고, 조금 둔한 신이 있습니다. 인간과 비슷하다고 볼 수 있습니다. 그래서 빙의가 되었을 때, 그것이 영특한 신이라면 과거는 종종 잘 알아맞힙니다. 그런데 미래는 엉터리가 많습니다. 다시 말해, 신이 미래를 정확하게 말하지는 못한다는 것입니다.

  우리 인생, 우리의 미래는 반반입니다. 인간이 판단하더라도 인생은 반반이고, 신 역시 중생이므로 그가 보는 미래 역시 반반입니다. 신이 이미 지난 과거에 대해서는 잘 알아맞힙니다만, 다가올 미래에 대해서는 우리 인간이 미래를 불확실하게 아는 것처럼, 신 또한 미래를 정확히 알 수는 없다는 것입니다. 과거의 일을 잘 맞혔다고 해서 미래의 일을 다 맞힐 수는 없습니다.

  중복해서 말씀드리지만, 인간도 또한 그렇지 않습니까? 과거는 잘 알지만 미래는 많은 복잡한 요인들이 그 속에 들어오기 때문에 단정할 수 없는 것입니다. 우리가 늘 그 점을 생각해야 합니다. 신들린 사람들이 과거를 맞히는 것을 보고 솔깃하게 생각하면서 빠지면, 그 뒤로는 자기 의지는 없어지면서 그냥 무속인의 말을 전부 곧이곧대로 믿게 되는 결과를 낳고 마는 것이지요.

  그렇다면, 신은 꼭 받아야 하는가? 몸이 시름시름 아픈데 과연 신내림을 하면 진짜 몸이 나을 것인가? 또한, 만약 본인이 그 신을 받지 않으면 딸에게 간다는데 어떻게 할 것인가?

    답은 간단합니다. 만일 본인이 신을 받아서 그냥 남의 점이나 쳐 주면서 살겠다는 마음이 있다면, 주저할 것 없이 가서 그냥 신내림을 받으면 됩니다. 신내림 해서 본인이 무속인이 되면 됩니다. 하지만, '가족 혹은 다른 사람들이 봤을 때, 과연 그것을 좋다고 생각할까?' 라는 생각들이 든다거나, 본인 생각에 정말이지 그런 삶은 싫다고 한다면, 절에 가서 빙의된 신을 떼 내는 수밖에 없습니다. 무당이 "너에게 지금 신이 오고 있다. 신내림 해야 한다."라고 말했다면 이미 신이 와 있다는 얘기입니다. 그렇다면 다니는 절에 가서 스님들께 분명히 말을 하고, 구병시식을 해서 떼어 내야 합니다. 구병시식으로 떼어 내고, 이어서 천도해서 좋은 데 가도록 안내해야 합니다. 그렇게 해야만 하는 것입니다.

    신내림 받으라는 것을 본인이 좋다면 몰라도, 그것이 너무나도 싫은데 억지로 신내림을 받아야 한다면, 그것이 얼마나 비참하고 어려운 삶이 되겠습니까?

    다시 말씀드리겠습니다. "당신한테 지금 신기(神氣)

가 있다. 꼭 신을 받아야 한다."라고 하였을 경우, 본인이 신을 받기 싫다면 절에 꼭 가셔야 합니다. 한 번으로 안 되는 수도 있습니다. 저의 직간접적 경험으로는 한 네다섯 번까지 구병시식이라는 의식을 열심히 하면 반드시 떼 낼 수 있습니다. 떼어 낸 후 잘 천도해서 좋은 데 보내 주시면 됩니다.

정법 제자, 우리 불자들은 잡신에 매달려서는 안 된다는 생각을 단단히 하여 늘 스스로 단속해야 합니다. 불자인지 아닌지 가늠하기 힘든 아주 어중간한 불자들이 자주 그런 데를 가는 것 같습니다. 이것은 역학을 보는 것과는 또 다른 문제입니다.

무당, 무속인 집에 너무 자주 들락날락 하다 보면, 자신도 모르게 신 기운이 붙는 수가 있습니다. 어떤 사람들은 무속인, 무당들에 대한 책을 많이 보는데, 그것이 또 마음의 작용이 되어서 몸이나 마음에 잡신이 달라붙는 수가 있습니다. 그 점도 정말 조심해야 합니다. 유튜브에도 무속인의 영상물이 많습니다. 어떤 분이, "저는 직접 그런 곳에 가지는 않는데 영상물은 봅니다. 그런데 영상물 자꾸 보다 보니까 제가 정신이 이상해지는 것 같습니다. 어떤 사람은 저에게 신기가 있다고 하는데, 제가 영상물을 많이 봐서 그럴까요?" 하고 물은 적이 있습니다. 실지로 그런 영상물이나 책을 많이 보면 심기(心氣) 작용, 즉 마음의 작용으로 그러한 신기가 붙을 수도 있습니다. 그러니까 아예 애초부터 그런 것에는 접속 자체를 하지 말고, 절대 보지 말아야 합니다.

결론입니다. 본인이 무속인이 되고자 한다면 무당에게 얘기해서 신내림을 받아 그 활동을 하시면 됩니다. 하지만, 그런 행위가 스스로도 용납이 안 되고, 가족들도 다 싫어하는데 빙의가 되었거나 신내림을 받아야 한다는 이야기를 자꾸 듣는다면, 절에 가십시오. 절에 가서 스님들과 상의하여 구병시식을 하고, 천도재도 잘해 주시면 되겠습니다.

내일 다시 뵙겠습니다.
관세음보살

無一우학
說法大典

120
이것이 성공의 비결이다

2020. 06. 26. 대구큰절 옥불보전

 관세음보살. 유튜브불교대학 시청자 여러분, 반갑습니다. 오늘은 '이것이 성공의 비결이다' 라는 제목으로 말씀드리겠습니다.

사람은 누구나 다 성공하기를 바랍니다. 최근 연구에 따르면, 성공의 비결에 있어서 우리가 잘 아는 지능이나 학벌, 외모, 인맥보다 더 앞서는 특별한 것이 있다고 합니다. 이는 펜실베니아대 교수이자 심리학자인 앤젤라 더크워스(Angela Duckworth)라는 교수가 연구 발표한 논문입니다. 성공을 바라는 이는 크게 참고할 일이 아닌가 해서 소개를 해 드립니다.

논문에서 발표한 특별한 것이 무엇인지는 마지막에 결론적으로 말씀드릴 테니, 본 영상물을 끝까지 잘 들으시길 바랍니다.

세속에서 성공을 바라는 것처럼 절 집안에서도 오직 성공을 염원합니다. 인간적인 측면에서 보았을 때, 석가모니 부처님께서는 크게 성공하셨다고 볼 수 있습니다. 왜냐하면 성불(成佛)이 가장 큰 성공이기 때문입니다.

부처님께서는 한때 성불, 즉 성공하지 못하고 방황하

시기도 했습니다. 석가모니 부처님이 6년의 고행을 했습니다만 성불하지 못하고 보리수나무 아래로 가서 본인의 결심을 확고히 다지게 됩니다.

"대각(大覺)을 이루지 못한다면, 결코 이 자리에서 일어나지 않으리라."

부처님께서는 불교적으로 말하자면, 불퇴전의 정진, 물러남이 없는 정진을 선언하셨다고 볼 수 있습니다. 그리고 마침내 부처님은 그 자리에서 성불하셨습니다. 정말 대각을 이루시고 크게 성공하셨던 것입니다.

제가 기거하는 무일선원 무문관에는 스님들이 3년을 기한하고 들어와서 정진을 합니다. 그런데 완전히 끝을 맺는 수행자는 절반 정도밖에 되지 않습니다. 또, 많은 스님들이 중생 제도를 하겠다며 도심에 절을 내지만, 이 스님들 중에서 5년 이상 버티는 스님은 10퍼센트가 채 되지 않는다고 합니다. 이것은 모두 정진력이 부족한 탓입니다.

이것은 재가불자도 마찬가지입니다. 이곳 한국불교대학에 매년 많은 사람들이 입학을 합니다. 2년, 4년 대학과정과 대학원 졸업 과정이 있습니다만, 이 모든 과정을 마치는 사람은 절반이 채 되지 못합니다. 장거리 경주로 말하자면, 뒷심이 부족한 것입니다.

이제 결론을 말씀드리겠습니다. 더크워스 교수가 발표한 성공의 비결 중 가장 중요한 것은 바로 끈질긴 근성입니다. 이를 영어로 말하면, '그릿(GRIT)' 입니다. 성공한 사람들의 공통점이 끈기인데, 이는 불교적 성공과도 일맥상통한다고 볼 수 있습니다. 불교에서는 이를 '물러남이 없는 정진, 불퇴전의 정진' 이라고 말합니다. 제가 아무것도 없는 것에서부터 한국불교대학 大관음사를 이 정도나마 키운 것 역시 순전히 끈기 덕분인 것 같습니다.

시청자 여러분, 누구나 다 성공할 수 있습니다. 다만, 끝까지 붙으셔야 합니다. 내가 바라는 바 소원이 있다면 그 소원이 성취될 때까지 기도 정진하시면 됩니다. 반드시 됩니다. 또, '부처가 되고 싶다' 라고 한다면, 부처가 될 때까지 정진하시면 됩니다. 끝을 보겠다는 각오만 있다면, 반드시 부처가 됩니다.

우리가 성공함에 있어서 끝까지 붙어보는 그러한 끈

기, 불퇴전의 정진, 이것이 아주 절대적으로 필요하다는 말씀을 재차 드립니다.

끈기, 불퇴전의 정진은 반드시 우리 불자들이 하고자 하는 성공에 이르게 할 것입니다. 끈질기게, 끝까지 정진하는 그런 불자가 되시길 바랍니다.

 내일 다시 뵙겠습니다.
관세음보살

無一우학
說法大典

121
불교 관련 기념품을 집에 두라

2020. 06. 27. 대구큰절 옥불보전

 관세음보살. 유튜브불교대학 시청자 여러분, 반갑습니다. 오늘은 '불교 관련의 기념품을 집에 두라'라는 제목으로 말씀을 드리겠습니다.

한 신도님께서 물어오셨습니다.

"불교와 관련된 소형 부조상, 조각상을 집에 두어도 될까요? 어떤 분들은 절대 안 된다고 합니다. 그래서 마음이 찝찝합니다. 저희 집에는 달마상, 포대화상, 동자상, 작은 부처님 등등 아이들이 어디 갔다 오면서 선물이라고 사 온 게 많습니다. 다른 사람들의 말처럼 이것을 버려야 하는지요? 좋은 말씀 부탁드립니다."

이런 내용입니다. 어설픈 불자들은 이래저래 따지는 게 뭐가 많습니다. 쓸데없는 것을 너무 많이 알아서 문제인 것 같습니다. 또 말도 안 되게 터부시하는 경향이 있습니다. 그중의 하나가 이 신도님께서 얘기하는 것처럼 소형으로 된 불교 관련 작품에 대해 근거도 없이 마구 얘기를 합니다. 기념품 가게에서 팔고 있는 물건을 아이들이 효심에서 선물로 사 온 것은 참 좋은 일인데, 이를 두고 자꾸 딴소리들을 해 댑니다.

물론 기성세대인 본인도 불교 기념품을 보면 반갑기도 하고, 또 예쁘니까 사 올 수도 있습니다. 실제로 기념품 가게에 가보면, 정말 가지고 싶은 불교용품들이 많이 있습니다. 그 종류도 나무, 돌, 도자기류 등 여러 가지로 있습니다.

그런데 절에 있다 보면, 가끔 법당 탁자 위나 탑 위에 이런 소형 작품들을 몰래 두고 가는 것을 볼 수 있습니다. 한번은 몰래 두고 가다가 저한테 들킨 신도님이 있었는데, 제가 물었습니다.

"보살님, 왜 이 좋은 것을 집에 두지 않고, 여기 버리듯이 두시고 가십니까?"

그러자 그 보살님이 대답하셨습니다.

"스님, 얼마 전에 누가 저희 집에 와서는 이걸 보더니, '이런 소품이 집에 있으면 집에 안 좋다', '이런 것을 집에 두면 부정탄다'고 말하지 않겠습니까! 그래서 제가 아주 몇 날 며칠을 잠도 못 자고 고민하다가 이렇게 아침 일찍 가져온 것입니다."

불교인들은 잘못된 정보에 귀가 너무 얇은 것이 탈입

니다. 물론 그렇지 않은 불자들도 있겠지만, 잘못된 정보들에 너무 귀가 얇습니다. 기독교인들을 한번 보십시오. 기독교인들은 예수상, 마리아상, 십자가상 등 자신들의 성물을 아주 귀하게 생각하면서 집안 가장 좋은 곳에 잘 걸어두고, 잘 모셔둡니다. 방문객이 오면 다 볼 수 있도록, 오히려 방문객에게 보란 듯이 진열을 해 두고 있습니다.

그런데 불교인들은 그런 것이 좀 약합니다. 누가 한 소리 하기라도 하면, 금세 '그런가?' 하며 기가 죽습니다. 이제 우리 불교인들도 좀 당당해져야 합니다. '내가 불교인이다' 라며 상을 낼 것까지는 없지만, 우리 종교에 대해서 자신 없어서는 안 될 일입니다. 그래서 불자 교양도 좀 쌓고, 이런 유튜브를 통해서라도 불교적 소양을 좀 넓혀야 하지 않을까 생각합니다.

제가 이미 결론 말씀은 드렸습니다. 우리가 늘 만나는 포대화상, 동자상, 달마상, 작은 부처님상 등 이런 모든 불교 관련 작품들은 다 집안에 두는 것이 좋습니다. 그것들이 오히려 아주 좋은 기운을 발산합니다. 좋은 기운을 집안에 머무르게 한다고 봐도 틀림이 없습니다. 숨길 것이 아니라 오히려 잘 보이는 곳, 늘 보는 곳에 진열해서 모셔두면 아주 훌륭한 장식 역할도 됩니다.

어떤 분은 작은 목탁을 절에 가져와서, "스님, 집에 놔두면 안 된다고 해서 가져왔습니다."라고 하는데, 그런 말은 절대 들으면 안 됩니다. 혹시 무속에 가까운 사람들이 와서 그런 소리를 한다면, 오히려 따끔하게 충고해야 합니다. "부처님과 관계되는 물건을 집에 놔두면 좋으면 좋았지, 나쁠 게 뭐가 있느냐?"라며 가르쳐야 합니다.

불교와 관련된 소품을 집에 놔둔다면 은연중에 포교가 되고, 집안 분위기를 불교적으로 좋게 만들어 갈 것입니다. 그리고 분명히 소품에도 다 기운이 있으므로 오히려 집안의 탁한 기운을 정화하는 역할도 하게 될 것입니다. 그러므로 이미 집안에 있는 불교 소품들을 일부러 버리는 일은 없어야겠습니다.

어디 다니면서 예쁜 불교 관련 소품들을 보면, 사십시오. 사 오셔서 위치 좋은 곳에 잘 모셔두면, 집에 오는 사람들도 다 그 기운을 받을 수 있고, 집안이 불교적 기운으로 가득 찰 것이므로 그보다 더 좋은 일이 없겠습니다. 불교 소품들은 절대 천덕꾸러기처럼 버려져야 할 물건이 아닙니다.

우리가 깨끗한 마음으로 잘 간직하고 좋은 곳, 적당한 위치에 잘 모신다면, 그 소품이 우리에게 힘을 줄 것입니다. 또, 집안 분위기 정화에도 큰 도움이 될 것입니다.

 내일 다시 뵙겠습니다.
관세음보살

無一우학
說法大典

122
인생 후반전,
행복한 은퇴자가 되려면

2020. 06. 28. 대구큰절 옥불보전

관세음보살. 유튜브불교대학 시청자 여러분, 반갑습니다. 오늘은 조금 재미있는 제목으로 말씀드리겠습니다. '인생 후반전, 행복한 은퇴자가 되려면' 입니다.

요즘을 100세 시대라고 하지요? 은퇴하는 나이를 62, 63세라고 하면, 이제 인생을 한 절반 정도 살았다고 할 수 있어요. 그래서 제가 이를 '인생 후반전' 이라 말을 붙인 것입니다.

그렇다면 앞으로 남은 절반은 어떻게 살 것인가, 그래서 오늘 제목이 '인생 후반전, 행복한 은퇴자가 되려면' 입니다.

사람은 나이의 한계를 느낄 수밖에 없습니다. 특히 정년이 되면 힘들어하는 것이 인지상정입니다. 그러나 은퇴한 이후의 인생이 다 서글퍼지는 것은 아닙니다. 어쩌면 오히려 자유로이 쓸 수 있는 시간이 많습니다. 그래서 인생 제2막의 삶을 아주 멋있게 살 수도 있습니다. 정말 보람되고 화려한 인생 후반부, 그러한 인생이 기다린다고 할 수 있습니다.

그러려면 하지 말아야 할 것은 하지 말고, 해야 할 것은 꼭 해야 합니다. 하지 말아야 할 것을 불교적으로 말하면, 탐진치(貪瞋癡) 탐내고 성내고 어리석음, 이 세 가지 마음 삼독심(三毒心)을 내려놓아야 합니다.

여기에 대해 하나씩 구체적으로 말씀드리겠습니다. 모두 여섯 가지입니다.

첫째, 일확천금을 기대하시면 안 됩니다. 특히, 절대로 무리하게 주식을 하면 안 됩니다. 주식해서 패가망신하는 수가 참으로 많습니다. 전문가들도 안 되는 수가 많은데, 감각이 조금 떨어지는 연세에 욕심만 가지고 주식을 하다가는 정말 큰일 납니다.

둘째, 성질을 부리며 잔소리하면 안 됩니다.

셋째, 대구로 말하자면 두류공원 같은 곳에 나가서 할 일 없이 얼쩡거리면서 시간을 보내면 안 됩니다.

넷째, 절대 게으른 티를 내지 말아야 합니다. 또 실지로 게으르면 안 됩니다.

다섯째, 자식이나 가족에게 너무 기대면 안 됩니다. 가족에게 너무 집착해서도 안 됩니다.

여섯째, 다음 생은 오히려 더 좋을 수도 있는 것이니까, 절대 겁내지 말고 편안하게 살아가셔야 합니다.

반면, 불자로서 꼭 해야 할 것은 삼업(三業)을 청정히 하는 것입니다. 신구의(身口意), 즉 몸과 입과 생각을 청정하게 하는 삶을 산다면 지금 이생도 행복하겠지만 다음 생 또한 극락 가는 길이 될 것입니다.

첫째, 늘 명상하십시오. 참선하고 기도하고 독송하고 사경하십시오. 절은 조금 힘들 수도 있어요. 그래도 절도 조금 하시기 바랍니다.

둘째, 누구에게든 늘 덕담하십시오. 그러면 인생이 즐거워질 것입니다.

셋째, 절에 자주 나가십시오. 매일 나가시면 더욱 좋겠습니다. 절에 자주자주 나가서 불교대학 강의도 듣고, 스님들 법문도 들으십시오. 할 일이 특별히 없더라도 법당에 오셔서 부처님을 가만히 응시하면서, 염주 하나 들고 시간을 보내기 바랍니다.

넷째, 부지런히 활동하십시오. 가사노동부터 사회봉사, 취미 생활, 운동 등 많이 움직이셔야 합니다.

다섯째, 첨단 문화에 재미를 붙이셔야 합니다. 젊은 이들에게 너무 의지하지 말고, 젊은이들이 보더라도 '우리 어른은 좀 다른 분이다' 이런 마음이 들도록 컴퓨터도 하고, 스마트폰으로 유튜브 활동도 좀 하십시오. 간단한 것인데도 포기하는 분들이 있는데 지레 포기하지 말고 첨단 문화에 관심을 가지고 직접 해 보시기 바랍니다.

우리가 극락세계에 가면 다행인데, 그렇지 않으면 인간 세상에 다시 와야 해요. 인간 세상에 다시 온다면 또 이 첨단 문화를 접해야 합니다. 그러니 다음 생에 공부할 것을 지금 조금 당겨서 공부한다고 생각하고 첨단 문화에 재미를 붙이기 바랍니다.

여섯째, 이 세상에서 일어나고 있는 일에 대해서 늘 '그러려니' 하고 초연하게 생각하십시오. 일어나는 일들에 너무 집착해서, 또 너무 신경을 많이 써서 심신이 허약해지는 일은 없어야겠습니다.

이상 제가 말씀드린 것 같이 여섯 가지 하지 말아야 할 일과 여섯 가지 꼭 해야 할 일은 인생 후반부에 들어선 사람이라면 반드시 기억하고 실천해야 합니다.

은퇴자라고 하면 기분이 안 좋을 수도 있습니다만, 사실은 50대 이후의 모든 불제자, 모든 국민에게 통하는 말입니다. 아마 이 방송 듣는 분들도 대부분 이 나이 때에 들어와 있을 것입니다.

　사람들이 말합니다. 나이는 숫자에 불과하다고. 하지만 그렇게 말하면서도 실지로는 그 나이가 감당이 안 되는 사람들이 많습니다. 본인의 실제 나이보다 한 10살, 20살 정도 더 젊어 보이려면, 지금 말씀드렸던 여섯 가지 하지 말아야 할 것은 하지 말고, 여섯 가지 해야 할 것은 반드시 해야 합니다.

　그래서 우리는 사는 날까지, 특히 인생 후반전을 누가 보더라도 산뜻하고 보람된 나날이 되도록 해야겠습니다. 남이 보기에 너무 칙칙하고 꼭 억지로 사는 것처럼 보여서는 안 됩니다. 자신감 있고 늘 활기찬 그런 생활을 하신다면 가족들에게는 힘이 되고, 또 절에 다니는 분이라면 도반들에게도 무언의 감동을 주기도 합니다.

　우리는 우리 스스로 인생 후반부를 잘 가꾸어 가야 합니다. 누군가가 내 인생을 도와주겠거니 하는 그런 생각은 다 버리셔야 합니다. 서두에 말씀드렸던 것처럼, 우리에겐 이제 시간이 엄청 많습니다. 회사도 안 가고 가정일도 옛날만큼 많이 안 하셔도 됩니다. 이 엄청나게 많은 시간에 봉사활동하고 사회활동하고, 또 절에 가서 활동할 수 있다면 그 얼마나 좋은 시간들이 되겠습니까? 또, 그런 활동들을 하면서 참선 기도하며 산다면 누가 보더라도 '저 사람은 참 멋있는 사람', '저 사람이야말로 꼭 본받아야 할 사람'이라고 생각하지 않겠습니까?

우리에게는 정말 멋있는 인생 후반부가 기다리고 있습니다. 다들 진정 나날이 보람되고 복된 하루하루가 되시기를 바랍니다.

 내일 다시 뵙겠습니다.
관세음보살

無一우학
說法大典

123
불자들이 알아야 할 뻔한 이야기

2020. 06. 29. 대구큰절 옥불보전

관세음보살. 유튜브불교대학 시청자 여러분, 반갑습니다. 오늘은 '모든 종교가 다 똑같지는 않다', '모든 종교가 다 진리적이지는 않다' 라는 주제로 말씀을 드리겠습니다.

질문입니다.

"불교에서 말하는 진리와 기독교에서 말하는 진리가 같은 것입니까, 아니면 서로 다른 것입니까? 서로 다르다면, 어느 한쪽은 허구인 것이 아닙니까?"

이에 대한 답변입니다. 한 종교에서 말하는 교리(敎理)가 '진리에 합당한가, 아닌가? 라고 하는 것은 '객관성과 합리성'이 담보합니다. 다시 말씀드립니다. 종교의 교리는 누구든지 다 얘기할 수 있습니다. 그런데 그 교리가 과연 진리적인가는 합리성과 객관성이 있어야 한다는 말입니다. 합리성과 객관성이 없으면 그것은 그들의 교리일 수는 있어도 진리가 될 수는 없습니다. 진리는 합리성과 객관성은 과학의 발달로 견주었을 때 가장 완벽하게 드러납니다.

20세기가 낳은 위대한 물리학자 아인슈타인(Albert

Einstein)은 말했습니다.

"종교는 과학적으로 증명되고 과학자에게 어떤 영감을 줄 수 있어야 한다. 그것이 우주적 종교인데 그 종교가 바로 불교이다. 불교의 연기(緣起) 사상, 공(空) 사상은 아주 과학적이다. 현대 과학의 요구에 부합하는 종교가 있다면, 그것은 곧 불교가 될 것이다."

아인슈타인의 '우주적 종교와 불교'라는 책을 한번 읽어보시기를 권해드립니다.

한편, 그렇다면 기독교는 어떻습니까? 제가 30대 초반 젊은 시절, 유럽을 만행하던 중 이탈리아 로마의 콜로세움에 간 적이 있습니다. 그곳에서 '부루노(Bruno)'라는 이탈리아 과학자의 표지석을 볼 수 있었습니다.

그 표지석에는 "과학자 부루노는 '지구가 태양의 둘레를 돈다'라고 주장하다가, 1600년 로마 교회에 의해서 산 채로 화형을 당하였다. 그 장소가 바로 이곳이다."라고 쓰여 있었습니다.

약 500년 전의 일이니까 그리 머지 않은 가까운 과거의 일입니다. 그런데 불과 약 500년 전에 지구 중심적 사고를 하던 원시적 교회가 정말 많은 패악질을 했습니다. 그로 인해 엄청나게 많은 학자들이 죽어갔습니다.

알라신을 믿는 이슬람교도 역시 성경의 구약을 사용합니다. 그러므로 이슬람교나 크리스트교나 창세기는 동일한 공통 과목이라고 봐도 과언이 아닙니다. 즉, 신을 믿는 종교는 다 비슷비슷합니다. 그런데 그들의 수준이 천동설 수준이었던 것입니다. 그래서 지동설을 주장했던 사람들이 다 죽어갔던 것이지요.

종교의 가르침은 한 치의 잘못됨이 없어야 합니다. 완벽해야만 합니다. 불교는 부처님께서 진리를 깨달아서 세운 완벽한 종교입니다. 불교야말로 가장 과학적인 종교라고 모든 과학자들이 말합니다.

종교에도 발달과정이 있으니, 오늘은 제가 그 발달과정에 대해서 말씀을 좀 드리겠습니다.

먼저 범신론(汎神論)입니다. 거의 모든 종교는 범신론, 즉 다신론(多神論)에서 출발합니다. 종교의 시원(始原)이 그렇습니다. 태양에 신이 있고, 나무에도 신이 있고, 바다에도 신이 있고, 강에도 신이 있다고 믿는 애니

미즘(animism)입니다. 그러한 범신(汎神), 다신(多神)의 사상이 후일 태양신을 중심으로 모이게 됩니다. 태양숭배 사상이 발달하면서 유일신(唯一神)교로 정착됩니다.

  유일신교로 정착된 종교가 이슬람교, 기독교, 인도의 브라만교 등입니다. 그래서 그들의 교리들을 살펴보면, 서로 비슷비슷한 생각을 가지고 있음을 알 수 있습니다. 다신교에서 일신교(一神敎), 즉 유일신교로 조금 발전을 했을 뿐 그 성격은 다 비슷비슷합니다.

  그런데, 우리 석가모니 부처님은 그런 단계를 다 섭렵했다고 하는 것이 아주 중요합니다. 범신이니 다신이니 유일신이니 하는 신의 개념이라고 하는 것은 인간이 만들어 낸 허구임을 부처님은 깨달았습니다. 다신론적 입장은 물론이거니와 유일신적 입장, 즉 여호와니 알라니 하는 존재들은 모두 인간의 머릿속에서만 있는 것이지, 실제로는 없다는 말입니다.

  그래서 불교는 신을 믿는 종교와는 확연히 다른 점이 있습니다. 다시 말해 급수가 다릅니다. 이것은 신을 믿는 종교를 배타하기 위해서 하는 말이 아니라, 모든 종교학자들이 일관성 있게 이야기를 하고 있으며, 또 종교의 발달과정이 그러합니다. 우리는 우주적 종교로 나아가야 하는데, 그 우주적 종교가 바로 진리를 깨달으신 부처님의 가르침, 불교입니다.

그렇다면, 왜 신의 종교를 못 벗어나고 있는 것일까요? 그것은 무명(無明) 때문입니다. 지혜가 없어서, 어리석음 때문에 그 틀을 벗어나지 못하고 있습니다. 과학이 발달하지 않은 옛날에는 다신론, 범신론, 유일신론, 신이 이 세상을 주관한다고 믿을 수도 있었어요. 하지만 과학이 발달된 지금의 시대에서 봤을 때 그것은 너무나 허무맹랑하고 비과학적이라는 말입니다.

부처님께서는 이미 직관 능력으로 그 모든 것들을 간파하셨습니다. '저것은 비과학적이다. 신이라고 하는 것은 인간의 머릿속에만 있는 허구이다'라고 생각하시고, 진리를 크게 깨치시고는 전혀 다른 종교, 즉 불교를 내놓으신 것입니다.

종교 발달사를 다시 총정리하여 간단하게 말씀드리겠습니다.

범신교, 즉 다신교를 지나 유일신교입니다. 허무맹랑한 유일신교를 지나, 합리성과 객관성을 바탕으로 한 진리교(眞理敎)입니다. 그리고 거기서 더 나아가, 진리의 가르침에 접근하기 위해 스스로 부단히 명상 수행하는 것을 강조하는 명상교(冥想敎)입니다. 명상도 단순히 명상 수행에 그치는 것이 아니라, 명상 수행을 통해 '자기 자신이 깨쳐야 한다' 라는 자각교(自覺敎)로 나아갑니다. 이렇게 발전하고 있는 것입니다. 불교는 바로 진리교이면서 동시에 명상교이며 자각교입니다. 하위 단계에 있는, 신들의 개념으로 덧씌워진 그런 종교들은 결코 불교의 수준을 따라가지 못하는 것입니다.

제가 이렇게 말을 하면 "그것은 너무 불교의 입장에서만 말하는 것이 아닌가?" 이렇게 얘기할 수도 있습니다. 그런데, 유일신을 믿는 사람들이 꼭 하는 말이 "이 세상은 지금도 신이 주관하고 있다."라는 것입니다. 이를 주관론이라 합니다. 또 어떤 신학자들은 "신이 이 세상을 창조할 때, 이미 다 예정해서 조화시켜 놨다."라고 하는 예정 조화설을 주장합니다. 이미 각본에 짜여 있어서 각본대로 세상이 움직여 가는 것이니, 인간의 의지는 아무 소용이 없다, 이렇게 말합니다.

거기에 대해 "그렇다면 지금 전 세계를 돌고 있는 코로나 팬데믹, 이 전염병도 결국에는 신이 주관한 것인가? 신이 미리 각본을 짠 것인가?'라고 묻는다면, 그들은 할 말이 없을 것입니다. 신을 들먹거리는 것은 인간의 의지가 나약하고 인간의 이성이 깨지 않았을 때 할 수 있었던 것입니다. 그런데 지금의 과학 수준조차 따라가지 못한다면, 그 종교는 쓸모가 없는 것입니다.

우리는 저차원의 종교, 잡신 또는 신을 믿는 종교의 차원에서 한 단계 더 올라가야 합니다. 바로 진리를 깨치신 부처님께서 하신 말씀에 의지해야 합니다. 신리의 말씀을 배우고 또 아울러서 '나도 그러한 경험, 체험을 해야겠다' 라는 마음으로 명상해야 합니다. 참선, 명상을 늘 생활화해야 합니다. 또한 거기서 그치지 말고, 결국에는 자기 스스로 깨우침을 얻는 존재가 되어야 합니다. 그래서 모든 불자들은 신을 믿는 종교와 우리 불교는 차원이 다르다는 자부심을 가지고 더욱더 열심히 정진해서,

부처님처럼 깨달음을 얻는 그런 위대한 존재가 되어야 겠습니다.

 내일 다시 뵙겠습니다.
관세음보살

無一우학
說法大典

124
사경한 노트를 쓰레기처럼 버리지 말라

2020. 06. 30. 대구큰절 옥불보전

관세음보살. 유튜브불교대학 시청자 여러분, 반갑습니다. 오늘은 '사경한 노트를 쓰레기처럼 버리지 말라' 라는 주제로 말씀을 드리겠습니다.

사경한 노트, 사경한 용지는 경전이 되는 것입니다. 이렇게 사경한 경전을 어떻게 할까, 오늘은 여기에 대해 말씀드리도록 하겠습니다.

예수재(豫修齋) 기도, 백중 기도를 하면서 사경들을 많이 하십니다. 사경(寫經)은 경전을 한 자 한 자 정성껏 옮겨 쓰는 것을 말합니다. 옛날 말로는 서사(書寫)라고도 합니다. 이렇게 경전을 한 자 한 자 옮겨 쓰는 사경은 수행 중에서도 아주 좋은 수행입니다. 사경하는 수행은 참선이나 독송, 절 등 다른 수행과 전혀 차이 없이 매우 훌륭합니다. 그러므로 평소에도 늘 사경 수행을 하시면 좋습니다.

사경하는 분들은 사경이 다른 여타 수행 못지않게 아주 훌륭하다는 자부심을 가지고 하시면 좋겠습니다. 사경 자체가 곧 명상이요, 사경 자체가 곧 참선이요, 사경

자체가 곧 기도입니다.

 그런데 사경한 노트나 용지를 어떻게 처리할지를 몰라서 질문해 오는 분들이 많습니다. 사경한 노트나 용지는 절대 다른 쓰레기처럼 쉽게 버려서는 안 됩니다. 왜냐하면 이미 부처님의 말씀이나 스님들의 말씀이 그곳에 기록되어 있으므로 아주 거룩한 것이 되었기 때문입니다. 이것은 경전 이상의 책이 되었습니다. 즉, 직접 사경한 그대로 경전이라고 볼 수 있습니다. 경전을 아무 데나 버리거나 휴지처럼 취급해서는 안 되지 않습니까! 그러므로 사경한 노트나 용지는 절대 쉽게 버리거나 하면 안 됩니다.

 그러면 어떻게 하면 될까요?

 적당한 처리 방법이 없는 분은 책장에 계속 꽂아 두십시오. 그렇게 사경한 노트가 책꽂이에 그득하게 된다면, 그 하나로써도 아주 명품입니다. 잘 가지런히 정리해서 꽂아 두셨다가, 혹시 누가 '경전 하나 달라'라고 하면 사경한 노트를 뽑아서 주시면 됩니다. 만약 금강경을 잘 사경해서 두셨다면, 누군가 금강경이 필요하다고 하면 다른 금강경 책을 찾을 필요 없이, 본인이 사경한 것을 주면 됩니다. 또, 자녀나 손자 손녀의 생일이 돌아왔을 때, 다른 선물과 함께 경전 사경한 것을 한 권 주면서 "얘야, 가져가서 네 책꽂이에 꽂아 두렴."라고 한다면, 그 자체가 아주 귀한 선물이 됩니다. 훌륭한 불자로서 자부심을 느낄 수 있는 그런 선물이 될 수도 있습니다.

사경한 책, 그것은 경전입니다. 경전을 그대로 베껴 쓴 것이므로 사경한 노트는 경전인 것이지요. 그 경전은 누구에게 주어도 훌륭한 선물이 됩니다. 세상에서 가장 귀한, 아주 멋진 선물이 됩니다. 그러므로 사경한 것을 귀중한 분들에게 선물로 주는 분위기가 되었으면 좋겠습니다.

또 다른 방법으로는, 부처님을 모시는 기회가 있을 때 사경한 노트나 사경지를 부처님 복장(腹藏) 속에 잘 넣으시면 좋습니다. 한국불교대학 大관음사의 경우, 사경한 것을 감포도량 무일선원에 있는 사경 공덕대탑이나 약의왕여래불 복장 속에 넣을 수 있도록 날짜가 정해져 있는데, 2월 정초 방생과 11월 첫째 주입니다. 이때 모셔도 됩니다. 아마 다른 사찰에도 그러한 경우가 있을 겁니다.

그리고 모아놓은 사경노트가 돌아가실 때 좀 부담이 될 수도 있습니다. '자식들에게 남기자니 좀 그렇다'라고 한다면, 자식들에게 "내가 죽거들랑 관 속에 보공(補空) 대신 내가 사경한 것들을 넣어라."라고 유언하시면 됩니다. 관 속에 시신을 넣고 나면 틈이 있잖습니까. 그 틈마다 솜이나 옷가지 같은 것을 넣는데 이것을 보공이라 합니다. 그러니까 보공으로 사경한 책, 경전을 넣으라는 말입니다. 사경한 것은 이미 경전이라고 앞서 말씀을 드렸지요. 그 경전을 관 속에 넣어달라고 유언하시라는 말입니다. 만약에 보공으로 다 채웠는데도 사경노트가 남는다면, 관 위에 얹으면 됩니다. 관 위에 얹어서 화장할 때나 매장할 때 그대로 같이 하시면 됩니다.

그리고 대부분 절에서는 백중 기간 또는 예수재 기간 동안 사경한 것을 잘 모아서 전체 한꺼번에 소각할 때가 있습니다. 그것은 그 절의 사정에 따라서 함께 하시면 됩니다.

재차 말씀드립니다. 사경은 정말 훌륭한 수행입니다. 이 사경만큼 훌륭한 수행도 또 없습니다. 그러므로 참선과 진배없는 수행이라는 자부심을 가지고 열심히 하시면 됩니다. 금강경, 법화경, 화엄경, 이 3대 대승경전을 사경하면 매우 좋습니다. 그리고 다른 경전이나 스님들의 어록을 사경하는 것도 큰 복과 지혜를 얻는 좋은 방편이 될 것입니다. 아무튼, 우리 모든 불자들은 정성 들여 사경 수행을 해 보는 그런 불자들이 되시길 바랍니다.

마지막으로 다시 한 번 더 말씀드립니다. 사경한 노트나 사경한 용지는 경전이나 다름없습니다. 경전을 그대로 베껴 쓴 것이므로 경전입니다. 절대로 함부로 버리거나 하지 마십시오. 그 경전을 잘 보관하시고, 선물로도 잘 활용하시면 좋겠습니다.

다음 시간에 뵙겠습니다.
관세음보살

無一우학
說法大典

125
삼재(三災) 겁내지 마라

2020. 07. 01. 대구큰절 옥불보전

 관세음보살. 유튜브불교대학 시청자 여러분, 반갑습니다. 오늘은 '삼재(三災), 겁내지 마라'라는 주제로 말씀을 드리겠습니다.

종교를 떠나서 우리나라 사람들은 삼재에 대한 두려움을 많이 갖고 있는 것이 사실입니다. 일이 안되어도 삼재 탓, 몸이 좀 아파도 삼재 탓, 인간관계가 나빠져도 삼재 탓을 하는 수가 많습니다. 삼재가 실재하기보다는 심리적인 것이 더 큰 요인이 되어서 불안감을 느끼지 않는가 생각할 때가 많습니다.

삼재는 세 가지 재앙이라는 뜻입니다. 이는 여러 가지로 설명할 수가 있습니다.

첫째는 천(天), 인(人), 지(地)의 재앙입니다. 하늘의 재앙, 사람의 재앙, 땅의 재앙입니다.

둘째는 수재(水災), 풍재(風災), 화재(火災)입니다. 즉, 물의 재앙, 바람의 재앙, 불의 재앙입니다.

셋째는 전쟁, 질병, 기근을 삼재라고 말할 때도 있습니다.

이처럼 삼재는 여러 가지로 설명되어 집니다.

삼재는 자신의 띠로 보았을 때, 9년에 한 번씩 돌아옵니다. 그리고 한 번 삼재가 들면 3년간 가게 됩니다. 예를 들면 올해 2020년 삼재는 뱀띠, 닭띠, 소띠입니다. 이것은 작년부터 들어와서 올해 지나고, 내년까지 삼재가 계속됩니다. 작년 기해년, 올해 경자년, 내년 신축년, 이렇게 3년에 걸쳐서 삼재가 있다는 것입니다.

삼재가 들어오는 해는 '들삼재'라 하고, 지금처럼 삼재 2년 차 들어왔을 때는 눌러있다고 해서 '눌삼재' 또는 삼재가 놀고 있다고 해서 '놀삼재'라고도 합니다. 마지막으로 이제 나가는 해의 삼재는 '날삼재'라고 말합니다. 그러니까 뱀띠, 닭띠, 소띠 사람들은 올해 눌삼재 또는 놀삼재에 있다고 보면 됩니다.

삼재에 든 사람들은 예로부터 많은 민간요법을 통해서 삼재를 해결하려고 했습니다. 동국세시기(東國歲時記)에는 "세 갈림길에 나가서 옷을 태우는 의식 등을 해서 삼재의 화(禍)를 면하려고 했다."라는 기록이 있습니다. 또는 부적으로써 삼재막이를 하는 경우도 많았다고 합니다.

　불교에서는 입춘 때 삼재소멸기도를 많이 해 왔습니다. 이때 절에서 스님들이 경면주사로 정성껏 쓴 다라니나 옴(㐘) 자 등의 글자를 정성껏 써서 기도 회향하는 날에 나누어 드립니다. 그러면 불자님들은 모두 그것으로 위안을 삼습니다.

　만약 입춘 때 기도를 못 하신 분들 중, 사고가 나는 등 문제가 자꾸 생겨서 '이것이 삼재인가?' 하고 불안한 마음이 자꾸 들고 마음에 걸리신다면, 다니는 사찰에 가서 '삼재막이 백일기도'를 한번 하시는 게 좋을 듯합니다. '제가 삼재가 들었는데' 또는 '우리 가족 중에 누가 삼재가 들었는데, 백일기도 부탁합니다' 이렇게 해서 기도를 하면 가장 깔끔합니다. 아마 그렇게 기도를 하게 되면, 당 사찰의 스님들이 입춘 때 나누어 드린 삼재소멸다라니나 옴 자를 하나 새로 써서 줄지도 모르겠습니다. 제 생각에는 그것만 가지고 있으면 만사 오케이가 아닌가 싶습니다.

그래서 삼재에 대한 중압감은 기도로써 떨쳐 버리셔야 합니다. 백일기도 또는 스님들이 주는 삼재소멸다라니로써 다 떨쳐 버려야 한다는 말입니다. 대신 삼재가 든 사람은 반드시 금강경을 하루에 한 번 이상 꼭 읽으시기를 간곡하게 말씀을 드립니다.

그런데 삼재가 들었다고 해서 다 나쁘지는 않아요. '복삼재(福三災)'라는 말도 있습니다. 제가 불교대학을 창건한 후 많은 불사를 했습니다만, 대구큰절 대웅전을 짓는 문제, 여러 분원 도량을 내는 문제들이 있었을 때도 삼재를 전혀 생각지 않았습니다. 그런데 나중에 돌아보니, 큰 불사가 있을 때마다 다 삼재가 있었습니다. 그러니 열심히 기도 정진하면 오히려 복삼재가 된다는 것을 말씀드립니다.

가족 중에 누가 삼재가 들었다고 하면, 오히려 기도 열심히 하고 절에 열심히 다니십시오. 삼재를 통해서 열심히 다니다 보면, 그것이 전화위복(轉禍爲福)이 되어서 일이 더 잘 되고 상황이 더 좋게 되는 경우도 많습니다. 그러므로 절대 삼재에 겁을 먹을 이유는 없다는 것입니다.

그리고 또 한 가지 방법을 더 가르쳐드리겠습니다. 만약 '스님, 그래도 좀 불안합니다' 라고 한다면 신중작법(神衆作法)에 나오는 불설소재길상다라니를 하루에 한 번씩 꼭 외우시기를 바랍니다. 이것은 제가 쓴 불교의 범이라는 책에 잘 나와 있습니다.

불설소재길상다라니

나무 사만다 못다남 아바라지 하다사 사나남 다냐타 옴 카카 카헤 카헤 훔훔 아바라 아바라 바라 아바라 바라 아바라 지따 지따 지리 지리 빠다 빠다 선지가 시리예 사바하

길이가 좀 길어서 진언(眞言)이라 하기에는 좀 그렇고요. 그래서 이것을 불설소재길상다라니라, 이렇게 말합니다. 이 다라니는 아주 중요합니다. 이것을 하루에 한 번 이상 꼭 읽으시길 바랍니다. 그리하면 2중 3중 4중으로 삼재막이가 되므로 삼재에 대해서 더 이상 걱정을 안 하셔도 될 것 같습니다.

 내일 다시 뵙겠습니다.
관세음보살

無一우학
說法大典

126
불자라면 제사, 천도재 때 똑바로 절하라

2020. 07. 02. 대구큰절 옥불보전

 관세음보살. 유튜브불교대학 시청자 여러분, 반갑습니다. 오늘은 '불자라면 제사, 천도재 때 똑바로 절하라' 라는 주제로 말씀을 드리겠습니다. 이 말은 영단에 제대로 절하는 법을 말씀드리겠다, 이 말입니다.

질문을 하나 읽어드리겠습니다.

"스님, 집에서 제사 지낼 때나 절에서 영단에 절할 때, 절(拜) 예법을 알고 싶습니다. 어떤 이들은 남자는 2번, 여자는 4번 하는 것이 맞다고 하고, 어떤 이들은 3배가 원칙이라고 합니다. 그리고 영단에 절할 때 어떤 이들은 접족례와 고두례를 하면 안 된다고 하고, 어떤 이는 상단 부처님께 절하듯이 그대로 해야 한다고 합니다. 스님, 정확한 것을 알고 싶습니다."

자주 받는 질문입니다. 스님들에 따라서 방법이 다른 경우가 많아서 불자님들이 심히 헷갈리는 그런 부분입니다. 그래서 오늘은 이 부분에 대해서 속 시원하게 정리를 해 드릴까 합니다.

불교식의 제사, 차례, 천도재의 절은 집에서도 절에

서도 공히 3배가 원칙입니다. 보통 2, 4배를 말하기도 하지만, 이는 유교식입니다.

제가 통도사 보광전 선방에 있을 때 통도사 어느 큰스님의 기제사가 돌아왔습니다. 그때 당시 종정으로 계셨던 '월(月)'자 '하(下)'자, 월하 큰스님께서 나가서 절을 하시는데, 제가 유심히 보니 꼭 3배를 올리셨습니다. 그래서 그 뒤로 저는 '그래, 영단이라도 3배 올리는 것이 원칙이지' 이렇게 알고 있습니다. 그 뒤 여러 스님들께도 여담 삼아 여쭈어봤더니, 모든 스님들께서 "절에서는 다 3배가 원칙이다."라고 하셨습니다.

불자님들에게도 3배 하는 것은 이미 정리가 된 것 같습니다. 문제는 삼배할 때 손을 뒤집어서 올려 받드는 접족례(接足禮)입니다. 손바닥을 뒤집어서 귓전에 올리는 것을 접족례라 하는데, 이 '접족례를 해야 하는가?' 하는 문제가 있고요. 또 3배 끝에 머리만 들고 한 번 더 합장하는 고두례(叩頭禮)를 '제사나 차례 지낼 때도 해야 하는가?' 라는 문제가 있습니다.

다시 정리하자면, 사찰에서 절을 할 때는 접족례를

하는데, 이것을 영단에도 해야 할까? 삼배 또는 끝 절에 하는 고두례를 영단이나 집에서 차례 지낼 때 해야 할까? 이것이 오늘 가장 핵심입니다.

지금 절에서는 백중 천도재 준비가 한창입니다. 이번 백중 천도재부터는 이 하나만이라도 정리가 되고, 통일되는 것이 좋겠다 싶어서 이 주제를 잡았습니다.

한마디로 말씀드리면, 상단의 부처님께 절하듯이 영단에도 꼭 그대로 하시면 됩니다. 접족례도 하고 고두례도 꼭 같이 하시길 바랍니다. 제가 이 부분에 대한 확실한 답을 얻기 위해, 수일 전에 포교원의 원장 스님께 직접 전화를 드려서 "스님, 어떻게 하는 것이 좋겠습니까?" 하고 여쭈어보았습니다. 포교원장이신 지홍 큰스님께서도 저와 똑같은 말씀을 하셨습니다.

"사찰에서 하는 절은 상단이든 중단이든 하단이든 관계없이 3배를 해야 한다. 영단에도 똑같이 정식 삼배를 올리는 것이 옳다."

이렇게 얘기를 하셨습니다. 또한 이 부분에 대해 여전히 의견이 분분하니 올 연말에 포교원에서 편찬하는 의식집에도 반드시 명시하겠다고 말씀하셨습니다.

그래서 영단에 절하는 것은 상단에 부처님께 절하듯이 하는 것이 대한불교조계종 종단의 근본 입장이라고 보시면 분명합니다. 불보살께 절하듯이 사찰에서 하는 절의 형식은 3배가 원칙이고, 접족례와 고두례도 항상 해야 한다고 간단하게 생각하시면 됩니다. '영단이니까 손바닥을 뒤집어서 받들어 모시는 접족례는 불편하지 않나?', '영단이니까 머리를 한 번 들고 다시 합장하는 고두례는 하지 않는 것이 맞지 않는가?' 하면서 자꾸 딴 생각을 하시면 안 됩니다. 그냥 사찰에서 하는 절은 어느 곳이든 부처님 전에 하는 3배 그대로 하면 됩니다. 이렇게 딱, 간단하게 정리해서 갖고 있어야 합니다.

의식이나 예법은 다 약속입니다. 그러므로 '이것이 옳다, 그르다'라고 하는 것은 그 내용적으로 옳다, 그르다 하는 것이 아닙니다. 전체가 다 함께 통일하면 그것이 하나의 법입니다. 조계종에서 '이렇게 하는 것이 맞다'라고 되어 있으므로, 그대로 따르는 것이 옳습니다. 이렇게 하나 저렇게 하나 비슷한데, 굳이 조계종 방법을 거역

하고 다르게 절을 할 이유는 없지 않겠습니까? 포교에 관해 총 관리하는 포교원에서 '영단에 하는 절도, 상단에 하는 절하고 똑같이 하면 된다'라고 하면, 그냥 따라 하면 되는 것입니다. 그러므로 이 방송을 듣는 우리 모든 스님들도 이대로 해 주시면 좋겠습니다. 제가 포교원에도 확인했고, 또 이미 많은 스님들로부터 자문을 구한 것으로서 자신 있게 말씀드리는 것이니, 꼭 이대로 해 주시면 좋겠습니다.

영단에 절할 때나 개인 천도재, 백중 천도재도 다 똑같습니다. 반드시 상단에 절하듯이 접족례도 하고, 고두례도 하시기 바랍니다. 깔끔하게 절에서 하는 3배, 그것을 영단에도 꼭 적용해 주시길 바라며 마치겠습니다.

내일 다시 뵙겠습니다.
관세음보살

127
세상에 이런 일도 있다

2020. 07. 03. 대구큰절 옥불보전

관세음보살. 유튜브불교대학 시청자 여러분, 반갑습니다. 오늘은 '세상에 이런 일도 있다' 라는 제목으로 말씀드리겠습니다.

이 이야기는 당연한데도 아주 미스터리 한 내용을 담고 있습니다. 제가 '당연하다' 라고 말한 것은 자업자득(自業自得)이라는 업의 순환으로 보았을 때 당연한 것이라는 말이고요. '미스터리하다' 라고 말한 것은 '과연 그러한 일이 일어날까? 라는 생각을 하기도 하는 중생의 얕은 소견에서 하는 말입니다.

지금부터 재미난 이야기로써 말씀드릴 테니 끝까지 잘 좀 들어보시고, 스스로 그 마음의 살림 밑천으로 삼아보시기를 바랍니다.

이것은 그리 오래되지 않은 이야기입니다. 법보사찰 합천 해인사에 임환경이라는 스님이 계셨습니다. 스님은 아주 유명한 분으로 스님께서 겪으신 일입니다.

어느 날, 흰 개 한 마리가 큰 법당 마루청 온 데를 돌아다니며 경내를 소란하게 했습니다. 그리고 개의 주인처럼 보이는 한 거사가 개를 허겁지겁 따라다니는 것이었습니다. 마치 개를 보호하는 것 같기도 하고, 어찌 보면 안내를 하는 것 같았습니다.

그때 이 모습을 보신 임환경 스님께서 호되게 야단치셨습니다.

"어디 이 청정한 도량에 개를 데리고 와서는 마구 다니는가? 제대로 단속 못 하겠는가?"라며 고함치셨습니다.

그러자 그 거사가 말했습니다.

"스님 용서하십시오. 저는 제 모친을 잘 모시기 위해서 여기까지 온 것입니다. 저 개가 사실은 저의 모친입니다."

임환경 스님이 말했습니다.

"무슨 소리인가? 저 개가 그대의 어머니라는 말인가?"

그러자 거사가 대답했습니다.

"예, 저는 경상도 지례군 지례면 옴탱이마을에 사는 김재선입니다. 부친은 일찍이 작고하시고 어머니를 모시고 살아왔는데, 지난해 어머니가 별세하셨습니다. 모친이 돌아가시고 한 4개월쯤 되었을 때 소생의 집에 기르던 개가 새끼를 낳았는데, 그 강아지가 바로 저 흰 개입니다."

어떻게 개가 자신의 모친이라고 하는 것인지 거사가 말한 내용은 이러했습니다.

강아지가 얼마나 영특하고 탐스러웠던지, 동네 사람들이 다 하나같이 "저렇게 영리한 개는 사냥개로 만드는 것이 좋을 것이야." 이렇게 얘기했다고 합니다. 사냥개로 만들어 보라는 그 말을 듣고 거사는 개의 두 귀를 그날 찢었답니다. 그랬더니 그날 밤 돌아가신 어머니가 꿈에 나타나서 막 야단을 쳤다고 합니다.

"내가 박복해서 좋은 곳에 태이니지 못하고 도로 너희 집에 태어났는데 야, 이놈아! 네가 나를 몰라보고 내 귀를 그렇게 칼로 찢어 대니, 아파서 견딜 수가 없구나. 하기야 내가 지은 업보인데 누구를 탓하랴!"

이어 어머니가 말했습니다.

"사실 시집보냈던 네 누나가 사는 게 너무 힘들다 하여, 네 재산으로 되어 있는 것을 좀 훔쳐서 누나에게 주

지금이 인생 절호의 찬스!

었다. 쌀도 좀 훔쳐내고, 옷감도 좀 훔쳐내서 네 누이에게 주었다. 너의 이름으로 되어 있는 것인데도 불구하고 내가 너의 누나 사정이 딱해서 그리 좀 했더니, 그것이 너에게 빚이 되어서 내가 너의 집에 개로 오게 되었구나."

이렇게 얘기했다는 것입니다. 거사가 이어 말했습니다.

"깜짝 놀라서 깨어 보니 꿈이었습니다. 그리하여 저 개가 모친의 후신인 줄 알고, 그날부터 밥그릇부터 당장 바꾸었습니다. 밥그릇을 아주 좋은 것으로 새로 장만하여 살아계신 어머니에게 드리듯이 음식을 대접했습니다. 그리고 개에게 '제가 어리석어서 어머님을 몰라뵈었습니다. 소자를 용서해 주십시오'라고 사죄드렸습니다. 그런 일이 있고 난 뒤, 어느 날 꿈에 또 모친이 나타났습니다.

모친이 나타나 말씀하기로, '내가 평생에 기차 구경을 정말로 하고 싶었는데도 못 했구나. 또 해인사 팔만대장경을 꼭 한번 보고 싶었는데 못 보았구나. 그게 한이

다. 그러니 네가 나를 데려가 구경 좀 시켜다오' 라고 말씀하시는 것이었습니다."

김재선이 계속 말했습니다.

"스님, 그래서 제가 3년 전에 김천으로 가서 기차 구경을 시켜 드렸습니다. 그리고 오늘 드디어 해인사 팔만대장경을 참배시키려고 왔으니, 스님께서 저의 속사정을 이해하시고 어쨌든지 너그럽게 용서해 주십시오."

임환경 스님께서 가만히 들어보니 참으로 맞는 얘기 같았습니다. 그래서 그의 정성을 갸륵히 여겨 스님께서는 직접 그 개를 데리고 다니면서 장경각과 큰 법당을 다 두루두루 구경시켜주고 안내해 주셨다고 합니다. 그랬더니 이 개는 꼬리를 흔들고 다니면서 너무나 기쁜 표정을 지었다고 합니다.

이 이야기에서 알 수 있는 것은, 우리가 인간으로 살다가 개, 소, 돼지 등 축생계에 떨어지는 것도 결국은 자기 스스로의 업보라는 사실입니다. 그러므로 우리가 인간의 몸을 받아 부처님 법 만났을 때, 부지런히 수행 공덕을 쌓고 선업 적덕해서 좋은 세상 극락에 가든지, 인간계에 다시 오더라도 이생보다는 좀 더 나은, 지금 사는 것보다는 좀 더 나은 인생으로 와야 되지 않겠느냐는 얘기입니다.

   지금 살고 있는 이 인생이 절호의 찬스입니다. 지금 부지런히 부처님 법 공부하고, 지금 부지런히 참선 기도해서, 다음 생에 사는 모습은 이생보다는 좀 더 나은 인생이 될 수 있도록 해야겠습니다. 이 인생을 절대 놓치지 말아야겠습니다.

   지금 부지런히 수행 정진해야 한다는 말씀을 재차 강조 드리며, 오늘은 이쯤에서 마치겠습니다.

 내일 다시 뵙겠습니다.
관세음보살

無一우학
說法大典

128
재가신도가 목탁을 쳐도 되나요?
목탁의 유래

2020. 02. 26. 보은전

 관세음보살. 유튜브불교대학 시청자 여러분, 반갑습니다. 오늘은 '재가 신도가 목탁을 쳐도 되나요?'라는 주제로 말씀드리겠습니다.

재가 신도는 그냥 마을에 살면서 절에 왔다 갔다 하는 신도를 말합니다. 그런 재가 신도가 목탁을 쳐도 되는지 물어왔네요. 스님이 아니라서, 재가 신도라서 목탁을 못 칠 이유는 없습니다. 목탁을 치는 그 목적이 순수하고 신심에 바탕을 둔 것이라면 아무 문제 없습니다.

그런데 간혹 돈벌이를 목적으로 목탁을 배워 길거리에서 목탁을 치며 구걸 행위를 하는 사람들이 있습니다. 또 돈을 벌 목적으로 절을 차려서 목탁을 치는 수가 있는데, 그러한 것들은 절대 안 됩니다. 그것은 크게 악업을 짓는 일이 됩니다.

동기가 순수하다면 재가자가 목탁 치는 것은 아무런 문제가 되지 않습니다. 오히려 좋은 일입니다. 요즘에는 신도들이 목탁을 배워서 의식 집전을 하는 경우가 아주 많습니다. 또 신심 있는 재가자는 집에서 혼자 목탁을 치며 기도하기도 합니다. 그리고 병원이나 군부대, 교도소 등에서도 재가자가 목탁을 치면서 정근을 하기도 하고, 천수경을 하기도 합니다. 재가자가 목탁을 치면서 의식을 집전하는데, 그러한 것들이 전혀 문제 되지 않습니다.

    한국불교대학 大관음사 같은 경우에도 핵심 임원진들에게는 오히려 목탁을 배우라고 얘기합니다. 그리고 봉사 단체인 연화봉사단이나 포교사단에서는 의무적으로 목탁을 배우도록 독려합니다. 아주 드문 일이지만, 어떤 절에서는 전 신도들이 다 목탁을 잡고 기도 정근하기도 합니다. 그것도 좋습니다. 그냥 염불하는 것보다 집중력이 더 생겨서 좋다고 말들 합니다.

    또 어떤 신도님은 집에서도 목탁이 너무 치고 싶어서, 목탁에다가 두꺼운 수건을 몇 번 감아 소리가 작게 나게 해서 목탁을 치며 기도한답니다. 그런 사람들은 분명히 전생부터 부처님과의 인연이 아주 깊은 사람일 것입니다. 그렇게 해도 괜찮습니다.

    아무튼, 신심이 순수하고 깨끗하다면 재가자가 목탁을 치면서 기도를 한다고 하여 결코 그것이 흠이 되지는 않습니다.

그렇다면 목탁은 어떻게 생기게 되었을까, 목탁의 유래에 대해서 말씀을 드리겠습니다. 조금 설화 같은 이야기입니다.

어느 작은 섬에 어떤 큰스님이 제자 두 명을 데리고 살았습니다. 한 제자는 공부를 열심히 했고, 다른 한 제자는 아주 꼴통이었는데 이름은 도인이었습니다. 그런데 큰스님을 애먹이는 꼴통 제자였던 도인 스님이 일찍 죽고 말았습니다.

그 후 큰스님이 남은 제자 한 명을 데리고 뭍으로 나오는 길이었습니다. 저 멀리서 고래처럼 큰 고기가 등허리에는 큰 나뭇가지를 달고는 배를 향해 돌진을 해 오는 것이었습니다. 그런데 배 가까이 와서는 힘이 떨어져서 그만두고, 배가 저만큼 나아가면 배를 뒤집어엎을 기세로 또 막 쫓아와요. 그러하기를 계속 반복하였습니다. 괴상하게 생긴 물고기가 이상한 행동을 자꾸 하자 큰스님께서는 물고기를 유심히 보았습니다. 스님께서 그 고기의 과거 전생을 관(觀) 해 보니, 얼마 전에 죽은 자신의 꼴통 제자였습니다.

스님께서 고함을 지르셨습니다.

"이 녀석, 도인아! 왜 이런 짓을 하느냐? 살아서도 못된 짓만 하더니, 죽어서도 하는 것이냐?"

몸을 바꾸어 나타난 그 물고기가 말했습니다.

"스님, 스님은 왜 저만 미워하셨습니까? 그래서 제 등허리에 몹쓸 나무가 나서 파도가 칠 때면 너무너무 고통스럽습니다. 오늘 은사 스님을 이렇게 만났으니 그 원한을 갚을 것입니다."

은사 스님에게는 이 얼마나 기가 찬 일입니까? 스님이 말씀하셨습니다.

"다 자업자득이지, 어디서 헛소리를 하느냐? 모월 모시 언제 언제도 내가 다른 상좌 몰래 너를 가르치려고 애를 쓰지 않았더냐?"

스님께서 그러한 말씀을 계속하시자, 물고기로 환생한 상좌가 다 알아듣고는 눈물을 흘리면서 말했습니다.

"스님, 이제 제가 어떻게 하면 좋겠습니까?"

"지금이라도 참회하고, 계를 다시 받아라."

스님께서는 그의 참회를 받아주면서 계를 다시 주셨

습니다. 그래서 등에 나무가 난 그 물고기가 더 이상 원한을 갖지 않을 만큼 되었어요. 그 물고기가 다시 말했습니다.

"스님, 스님의 말씀을 듣고 보니 제가 너무나 큰 악업을 짓고 살았습니다. 저처럼 말 안 듣고 게으르며 꼴통 부리는 사람들에게 경각심을 주고 싶습니다. 제 등에 난 이 나무를 베어 '치는 도구'로 만들어 주십시오. 이 도구의 소리를 들으면 뭇 중생들이 정신을 바짝바짝 차릴 것입니다."

그러자 스님께서는 "알겠다. 내 너의 죽은 흔적을 알게 되면 나무를 베어다가 그렇게 하리라."라고 약속하셨습니다.

며칠 후, 큰스님의 배가 드디어 뭍에 다다랐습니다. 그런데 그 배가 뭍에 다다르고 보니, 저만치 해변가에 등에 큰 나무가 난 고기가 죽어서는 널브러져 있었습니다. 큰스님은 죽은 물고기가 바로 자기 제자였던 도인의 후신이라는 것을 바로 알아차리시고는, 약속하신 대로 물고기의 등에 있는 나무를 베어 목어로 만들고, 그 목어를 압축해서 목탁을 만드셨다고 합니다.

  목탁의 유래에 대해서 이러한 설화가 전해 옵니다. 그래서 목탁의 모양새를 가만히 보면 물고기와 닮았습니다. 물고기 입처럼 되어 있습니다. 그리고 산중에 갔을 때 치는 목어도 물고기 모양으로 되어 있습니다.

  물고기는 절대 눈을 감지 않습니다. 자는지 안 자는지 전혀 알 수 없습니다. 그래서 목탁과 목어에는 눈 뜬 물고기와 같이 다부지게 정진하라는 의미가 담겨 있습니다. 즉, 우리 중생들은 정진할 때 절대 눈 감지 말고, 오롯이 깨어있는 마음으로 열심히 정진하라는 의미가 있습니다. 그래서 목탁 소리를 들으면 절대 게으름 피우지 말고 곧장 법당으로 모여서 기도하고, 또 자기 자성을 일깨우는 삼매에 들어야 합니다. 목탁 소리를 듣고도 멀뚱멀뚱 목탁 소리를 외면한다면, 그 또한 불자로서는 도리가 아닙니다.

  목탁 소리는 게으른 나의 마음을 다잡아 주는 역할을 합니다. 산중 절에서 어디선가 목탁 소리만 들려도 귀가 번쩍 뜨이고, 정신이 번쩍 들지 않습니까? 그 목탁 소리가 우리에게 정진을 독려하고 있는 것입니다.

이처럼 게으른 나의 마음을 다잡아 주고, 나의 정진을 독려하는 목탁을 돈을 벌 목적이나 다른 불순한 목적을 가지고 두드린다면, 그것은 업이 될 뿐입니다. 우리 모두 이 목탁 소리에 맞춰서 늘 부지런히 기도 정진하는 그런 참된 불자가 되었으면 합니다.

내일 다시 뵙겠습니다.
관세음보살

無一우학 說法大典

129
탁발승에게 시주 말라

2020. 07. 05. 대구큰절 옥불보전

 관세음보살. 유튜브불교대학 시청자 여러분, 반갑습니다. 오늘은 '탁발승에게 시주 말라'라는 주제로 말씀을 드리겠습니다.

먼저 제게 들어온 질문을 좀 읽어드리겠습니다.

"버스터미널 같은 데서 불전함을 놓고 탁발하는 스님이 있는데, 불자가 돼서 시주를 안 할 수도 없고, 하자니 또 그 돈을 잘못 쓸까 봐 기분이 찝찝합니다. 스님의 고견을 듣고 싶습니다."

탁발이라 하는 것은 본래 스님들이 해 온 생활의 한 방편이었습니다. 그런데 탁발이 많은 폐단을 일으키다 보니, 대한불교조계종에서는 탁발을 아예 하지 못하도록 금지하는 법을 만들었습니다. 가끔 비구니 스님들이 수십 명, 수백 명씩 길게 줄을 서서 단체로 탁발하는 경우가 있는데, 그것은 예외입니다. 탁발은 그 위의(威儀)를 적정(寂靜)하게 해서 잘만 하면 보는 이로 하여금 신심과 환희심을 일으킵니다. 탁발된 물건들도 모두 좋은 데로 쓰여서 탁발이 하나의 복전(福田)이 될 것입니다.

그런데 길거리에서 또는 버스 대합실 마당에서 불전함 하나 놓고 돗자리 깔고 목탁 치면서, 또 더러는 절도 하며 탁발하는 사람들이 있습니다. 이것은 대부분 그냥 구걸 행위입니다. 탁발된 그 금전이 좋은 곳에 쓰일 리가 만무합니다. 90퍼센트는 다 사이비승입니다.

제대로 탁발을 하는 10퍼센트를 가려낼 안목이 없으면, 아무리 자신이 불자라 하더라도 시주를 안 하는 것이 상책입니다. 안목도 없이 그냥 그런 행위에 동참한다면, 그 사람이 현재 나쁜 업을 짓고 있는 것에 자신도 동참한 셈이 되어 나 또한 나쁜 업을 짓는 꼴만 될 뿐입니다.

시주는 시주다워야 합니다. 첫째 시주 되는 물건이 청정해야 하고, 둘째 시주 받는 사람이 청정해야 합니다. 그리고 셋째, 시주하는 사람 역시 청정해야 합니다. 이를 '삼륜청정(三輪清淨)'이라고 합니다.

시주를 함에 있어서는 세 가지가 모두 청정해야 합니다. 그러므로 내가 아무리 청정한 마음으로 시주한다고 할지라도, 상대방이 청정하지 못하다면 자신도 그 업을 짓는 데 일조하는 일이 될 뿐입니다. 그것은 적선도 아니고, 그것은 결코 공덕 짓는 일도 되지 못합니다. 그리고 보통 이런 경우의 스님들은 승복만 입었다 뿐이지 정식 스님이 아닌 경우가 많으니 늘 조심을 해야 합니다.

특히, 골목을 다니면서 집집마다 초인종을 누르고 탁발할 것을 종용하는 경우가 있는데, 이때는 더욱더 경계해야 합니다. 보통 감정을 자극하는데, '물 한 잔 얻어 마실 수 있을까요?' 라든가 '목이 마른데, 좀 쉬어 갑시다' 라며 다가옵니다. 이때 단순한 동정심이나 불자로서의 양심에 못 이겨 요구를 따르다 보면 낭패를 당하는 수가 있습니다. 절대 그런 사람들은 집 안에 들여놓으면 안 됩니다. 또 가족의 운명이나 사주팔자, 풍수지리를 운운하면서 쓸데없는 소리를 지껄이는 것을 듣고 그만 현혹되어서 집 안으로 끌어들이게 되면 낭패를 보게 될 수도 있어요.

얼마 전에도 그런 뉴스가 있었습니다. 이런 사람들이 처음에는 탁발을 한다며 들어옵니다. 주인에게 "쌀 좀 주십시오." 해서 주인이 쌀을 한 바가지 가져오면, "쌀 안에 귀중품을 다 넣어보십시오. 그래야 액땜이 됩니다.

더 좋게 해 드리려 하는 겁니다."라고 말합니다. 액땜을 해준다는 말에 주인이 귀중품을 쌀에 넣으면, 주인 몰래 원래 자신이 가지고 있던 쌀과 바꿔치기해 버립니다. 탁발한다고 왔던 사람이 가고 주인이 쌀 안에 넣었던 귀중품을 꺼내려고 보면 아무것도 없어요. 그때 땅을 치고 후회해도 소용없지요.

　탁발하는 스님들과는 아예 상대하지 않는 것이 최상책입니다. 90퍼센트는 가짜입니다. 괜히 그런 일을 당하고 나중에 후회해도 소용이 없어요. '내가 불자인데 왜 이렇게 당해야 하느냐?'라고 할 수 있는데, 본인이 지혜가 없어서 당하는 걸 가지고 누구를 원망할 수 있겠습니까. 그러니까 탁발하는 스님이 있다면 그 근처에도 가지 말고, 자기 집의 초인종을 눌러서 대화를 걸어와도 아예 상대하지 말고, 그냥 보내십시오. 어떤 헛소리를 하더라도 거기에 동요되면 안 됩니다. 풍수지리, 가족 무슨 얘기 하더라도 절대 거기에 혼미해져서 흔들리면 안 됩니다.

　다시 말씀드립니다.

시주는 시주한 사람, 시주 받는 사람, 시주 되는 물건, 이 세 가지 모두 청정해야 그것이 공덕이 됩니다. 시주하는 사람의 마음만 청정하다고 해서 공덕으로 남지는 않습니다. 오히려 시주를 잘못하면 악업을 짓는 행위가 될 수 있습니다. 악업을 지으려고 시주해서는 안 되지 않겠습니까? 그러므로 아예 그런 시주는 생각도 말고 그냥 지나쳐 버리십시오.

재차 강조하여 말씀드립니다. 시주도 잘못하면 악업의 과보가 될 수 있습니다. 깊이 새겨들으시길 바랍니다.

내일 다시 뵙겠습니다.
관세음보살

無一우학
說法大典

130
백중, 천도재의 의미

2020. 07. 06. 대구큰절 옥불보전

관세음보살. 유튜브불교대학 시청자 여러분, 반갑습니다. 오늘은 백중이 다가오고 해서, '백중과 천도재의 의미'에 대해서 좀 말씀을 드릴까 합니다.

백중은 우란분절이라고도 합니다. 백중, 우란분절은 선망 부모, 조상 등 인연 영가들을 천도하는 날입니다. 음력 7월 보름에 맞추어서 전국의 모든 절들이 49일 이전에 입재해서, 일곱 번 본 재를 지내도록 되어 있습니다.

이러한 천도재에 대해 부정적인 생각을 가진 사람도 없잖아 있습니다. 하지만 천도재는 지장경(地藏經), 목련경(目蓮經) 등 경전에 근거하여 지내는 것입니다. 또 수천 년에 걸친 오랜 세월 동안 많은 명안 종사(明眼 宗師), 큰스님들의 혜안으로 천도재는 반드시 필요하다고 하셨기 때문에 지금까지 쭉 이어져 오는 것입니다. 49재 의식, 천도재 의식, 우란분절 백중 의식 등이 이렇게 잘 전해 오고 있는 것에는 그러한 이유가 다 있는 것입니다.

그런데 가끔 정신적 수준이, 영적 수준이 낮은 사람들이 이 천도재에 대해서 '해야 된다', '안 해야 된다' 라고 왈가왈부합니다. 불자들도 또한 거기에 마음이 흔들려서, '천도재를 꼭 할 필요가 있나?' 이런 생각을 하는 사람들도 없지 않아 많습니다.

  절에서 하는 모든 불사는 다 중요합니다. 예로부터 말하기로, '불사문중(佛事門中)에 불사일법(佛事一法)'이라 했습니다. 부처님 일, 부처님 문중에서 일어나는 일은 하나도 버릴 것이 없다는 뜻입니다. 천도재도 결국에는 부처님 일, 불사(佛事)입니다. 수천 년에 걸쳐 지금까지 내려오는 이 백중 천도, 그리고 조상을 천도하는 행사들은 영적으로 굉장히 중요한 행사이며, 후손들이 직접 조상의 음덕을 입을 수 있는 아주 좋은 불사입니다. 그래서 49재 또는 백중 천도재에 대해서 긍정적인 마음을 가지고, 불사에 동참한다는 마음으로 임하시면 좋을 것 같습니다. 그리한다면 후손들이 큰 음덕을 입을 것입니다. 저도 매년 백중 천도재를 지내는데, 매 입재 때면 저 나름의 또 어떤 영감을 얻기도 합니다. 어찌 보면 저도 큰 음덕을 입은 것이지요.

  제가 앞서 천도재 역시 부처님 일, 불사(佛事)라 했어요. 불사라는 측면에서, 천도재를 네 가지 불사라 하여 요약한 바가 있습니다. 이름하여 '無一의 천도법문' 네 가지입니다.

첫째, 천도재는 보은불사(報恩佛事)입니다.

이 말은 선망 부모 등 조상 영가들을 잘 천도하는 것은 보은불사다, 이 말입니다. 보은(報恩), '갚을 보(報)' 자에 '은혜 은(恩)' 자입니다. 즉, 은혜를 갚는 불사라는 것입니다. 은혜 갚는 것이 천도재이다, 이렇게 봐도 됩니다.

돌아가신 분, 당 영가가 좋은 세상으로 간다면 얼마나 좋은 일입니까? 이미 중생계에 다시 태어나서 다른 몸으로 살고 있다 하더라도 천도재, 이 기도의 힘은 반드시 그 당사자에게 미치게 되어 있습니다[1]. 그래서 우리가 정성껏 기도해 드림으로써 영가가 되었든지 다시 태어나서 다른 존재가 되었든지 간에, 그 당사자의 삶이 좋을 수 있는 에너지를 우리가 공급하는 것이 됩니다. 그렇게 함으로써 우리는 조금이나마 조상, 부모 영가들에 대해서 은혜를 갚는 일이 됩니다.

보이지 않는 세상이 99퍼센트, 보이지 않는다고 해서 무시하면 안 됩니다

우리가 입은 은혜가 있으므로 현재 내가 존재하는 것이잖아요? 그러니까 우리 모두 '그들 덕분에 내가 지금 존재하고 있다'라고 생각하고, 은혜를 갚는다는 마음으로 천도재에 동참하시면 좋겠습니다.

둘째, 천도재는 정업불사(淨業佛事)입니다.

천도재는 분명히 업을 맑히는 불사입니다. 우리가 살아감에 있어서 업이 가장 큰 문제입니다. 그런데 천도재를 잘 지내게 되면, 이 업이 맑아집니다. 돌아가신 분의 업이 맑아지는 것은 분명합니다. 뿐만 아니라 재 지내는 당사자의 업도 맑아집니다. 본인이 직접 기도를 하기 때문입니다.

예를 들어, 영가를 위해서 금강경을 독송하는 것이지만, 금강경을 독송하는 주체로서 독송 공덕이 본인에게 먼저 있게 되지 않겠습니까? 또, 많은 연구 결과들에 따르면 영가는 주로 멀리 가지 않고 자기 가족으로 다시 태어난다고 합니다. 그러므로 내가 4대, 5대 조상, 부모를 잘 모신다고 하는 것은 결국 내가 그 4대, 5대의 조상이었을 가능성도 있는 것입니다. 그런 입장에서 보면 천도재가 결국 자기 자신을 천도하는 일도 되는 것입니다.

우리가 거기까지는 생각지 않더라도, 천도재를 잘 해 드림으로써 본인의 업이 정화되는 것은 물론이고, 지내 드리려고 하는 영가, 선망 부모 위패 올린 그 당사자, 그분의 업이 정화되는 것은 분명한 사실입니다. 그러므로 정업(淨業)이라, 천도재는 정업불사입니다. 업을 정화하기 위해서라도 반드시 천도재를 올려드려야 합니다.

셋째, 천도재는 구제불사(救濟佛事)입니다.

천도재는 다 중요하지만, 특히 백중 천도재는 아주 특별합니다. 백중, 우란분절은 목련존자가 무간지옥에 떨어진 어머니를 제도해 낸 바로 그 기념일입니다. 자신의 조상이 지옥 내지는 삼악도에 떨어져 있지 말라는 법은 없습니다. 천만 억 분의 일이라도 그런 경우가 있다면 우리가 제도해야 한다는 말입니다. 그분들을 구제해 주는 것은 큰 공덕이 됩니다. 만일 천도재 기도 덕분으로 구제가 되었다면 반드시 그에 상응하는 조상의 음덕이 분명히 있을 것입니다.

제가 며칠 후에, '무간지옥에 떨어진 목련존자 어머

니는 어떻게 구제되었는가?' (2)에 대해 말씀을 드리도록 하겠습니다.

넷째, 천도재는 작복불사(作福佛事)입니다.

천도재는 복을 짓는 일입니다. 우리는 영가의 이름으로 기도에 동참하며 기도비를 내게 됩니다. 그리고 기도비가 잘 모여서 인재 불사를 하게 되고, 복지 불사를 하게 되고, 또 스님들 공부하는데 뒷바라지가 됩니다. 이것이 다 복을 짓는 것이지요.

한국불교대학으로 말하자면, 감포도량에서 천일 무문관 수행하는 스님들을 뒷바라지하는 데에 쓰이고, 참좋은어린이집, 참좋은유치원, 이서중·고등학교, 그 외 많은 복지 시설들의 운영에 영가의 몫으로 낸 비용들이 조금 조금씩 모여서 큰일들을 하게 됩니다. 그러므로 영가에게서 나온 불사금들이 다시 영가에게 다 복으로 돌아가게 됩니다. 그러니 작복(作福) 하는 일이지요. 물론, 동참한 재자(齋者), 천도재를 지내주는 재자는 본인이 그 일을 도모했으므로 당연히 복을 짓는 일이 됩니다. 따라서, 천도재는 영가에게나 재자 모두에게 복 짓는 일이 됩니다.

이렇게 큰 의미가 천도재를 경전에서는 7대 선망 부모까지 지내주라고 합니다. 사실, 7대 선망 부모는 좀 먼 감도 없지 않아 있습니다. 그래서 한 4대까지라도 백중 때 올려 드리는 것이 좋지 않을까 생각합니다.

그리고 늘 놓치기 쉬운 것이 수자령 영가입니다. 낙태로 사망한 수자령 영가는 '태중 사망영가' 또는 '일문 유연 애혼영가' 라고도 합니다. 이렇게 임신 중절한 영가는 백중 때 반드시 올려 드려야 합니다.

백중 천도재는 이미 확연히 드러나 있는 조상들을 잘 천도해 드리는 뜻도 있고, 또 미처 챙기지 못한 영가들을 챙긴다는 뜻도 있습니다. 친구라든가 제사 지내기에는 좀 그렇고, 또 다른 가족들이 있어서 본인이 챙기기가 힘든 경우가 있을 수 있어요. 그런 경우라면 이번 차제에 백중 천도재 때 한번 챙겨 보시면 좋겠습니다. 친구라든가, 촌수는 멀지만 가까운 사람들 있지요? 또 본인의 무지나 악업으로 인해 생긴 영가들, 즉 태중 사망영가, 수자령 영가도 꼭 좀 챙기십시오. 본의 아니게, 고의로 하지 않았다 하더라도 자기 주위에서 죽어 간 존재가 있다면, 그런 영가들을 이번 기회에 다 잘 챙겨서 해 드리십시오. 그러면 우선에는 그 영가가 좋고, 재를 지내드리는 당사자, 재자가 또한 큰 음덕을 받게 될 것입니다.

우리가 항상 생각해야 하는 것은 보이지 않는다고 해서 무시하면 안 된다는 것입니다. 이 세상은 보이지 않는 세상이 99퍼센트입니다. 그 보이지 않는 세상 중 하나가 바로 이 영(靈)적인 문제가 아닌가 생각을 합니다. 보이지 않는다고 해서 무시한다면, 우리는 한 발자국도 나아갈 수가 없습니다.

인연 있는 사찰에 꼭 나가서서 챙기고 싶은 영가님들을 잘 챙겨서 올해는 백중 천도재에 꼭 동참해 보시기를 바랍니다.

내일 또 뵙겠습니다.
관세음보살

참고하시면 좋은 법문

(1) 이미 환생했다면 제사가 무슨 소용 (설법대전 5)
(2) 백중의 경전적 유래 (설법대전 8)

* 백중, 지장재일, 특별천도재 등 왜 자꾸 재를 지내나요?
 (유튜브 생활법문)
* 왜 백중천도재가 중요한가 (유튜브 생활법문)
* 백중천도재 중 기도방법 (유튜브 생활법문)

無一우학
說法大典

131
바퀴벌레를 죽이면 죄가 됩니까?

2020. 07. 07. 대구큰절 옥불보전

 관세음보살. 먼저 발보리심진언을 세 번 외우겠습니다.

옴 모지짓다 못다 바나야 믹
옴 모지짓다 못다 바나야 믹
옴 모지짓다 못다 바나야 믹

오늘은 들어온 질문에 대해 말씀을 드리려 합니다.
"스님, 좋은 법문 항상 감사드립니다. 스님, 개미나 바퀴벌레를 죽이면 죄가 될까요? 저는 약을 뿌려서 없어질 때까지 죽이는데요. 어떡하지요?"

이런 질문입니다. 먼저 이야기 하나를 해 드리겠습니다.

옛날에 비단 장수인 청년이 있었습니다. 하루는 청년이 강릉에서 출발하여 대관령 고개를 올라가고 있었습니다. 저만치 앞서가던 노스님이 계셨는데 스님께서는 길을 가시다가 한참이나 우두커니 그냥 서 계시는 것이었습니다. 그 모습을 한참 지켜보던 청년은 스님이 막 움직이자마자 달려가서 스님께 여쭈었습니다.

"스님, 조금 전에 보니 스님께서 길을 잘 가시다가 가만히 계셨는데, 왜 그러셨습니까?"

스님께서 말씀하셨습니다.

"내 몸에 있는 중생들에게 공양을 좀 올렸다. 마침 공양 올리는 시간이라 잠시 멈춰 선 것이니라."

스님의 말씀을 들은 청년이 다시 여쭈었습니다.

"스님, 스님 몸에 붙어있는 중생이 무엇입니까?"

그러자 스님께서 대답하셨습니다.

"내 몸에 사는 중생은 이와 벼룩이지. 내가 움직이면 이와 벼룩이 피를 빨아먹는데 좀 불편함이 있지 않을까 싶어서 가만히 있었단다."

청년은 스님의 말씀에 크게 감동을 받습니다. 자신은 비단 장수로서 먹고살기 위해 비단 한 필이라도 더 팔려고 아등바등하고, 때로는 거짓말도 했던 것이 부끄러웠습니다.

청년이 만난 노스님은 통일 신라 말의 유명한 무염(無染)이라는 선사였습니다. 청년은 '스님을 따라가서 차원 높은 경지의 공부를 해야겠다'라고 생각하고는 무염 스님을 따라갔습니다. 스님이 가신 곳은 지금으로 말하면 월정사 뒤에 있는 암자였던 것 같습니다. 아무튼 거기까지 무염 스님의 제자가 되려고 따라 갔습니다.

따라온 청년에게 무염 스님께서 말씀하셨습니다.

"솥을 걸어라."

그런데 청년이 솥을 걸어 놓으면, 스님께서 오셔서는 툭 차 버리셨습니다. 다시 걸어 놓으면, 또 오셔서는 툭 차 버리셨습니다. 그렇게 솥을 아홉 번이나 걸고는 드디어 인정을 받았습니다. 그래서 후일 '구정선사(九鼎禪師)'라고 불리게 됩니다.

이 이야기에서 제가 말씀드리고자 하는 핵심은, 불교에서는 하잘것없는 미물에 이르기까지 자비를 베푼다는 사실입니다. 이렇게 얘기하면, "그렇다면 우리 인간을 해치는 벌레, 병균을 옮기는 해충은 어떡합니까?"라고 질문하는 분도 있으시리라 봅니다. 다시 말해, "도인들은 도가 높으니까 벌레나 해충에게도 자비를 베풀 수 있지만, 일반 사람은 그럴 수 없지 않은가?" 하고 문제를 제기할 수도 있다는 것입니다.

참으로 맞는 말씀입니다. 구제역과 같은 병이 돌았을 때는 팔팔하게 살아있는 돼지를 땅에 다 묻지 않습니까? 또, 조류독감 같은 전염병이 돌 때는 닭과 오리들을 땅에다 그냥 묻었어요. 그때 동물들을 묻은 사람들은 그 일이 큰 스트레스가 되어 마음에 큰 병이 생겼다는 뉴스를 본 적도 있습니다. 그런 전염병이 우리 인간들을 해친다고 막무가내로 묻는 일은 예전에도 있었고, 앞으로도 또 있을 것입니다. 왜냐하면 인간과 인간의 관계는 가깝고, 인간과 동물의 관계는 그 인연이 조금 멀기 때문입니다. 인간이 인간을 살린다는 의미에서 어쩔 수 없이 동물을 희생시키는 것입니다. 어떻게 보면 아주 이기적인 마음이라고 볼 수 있지만 생태계의 존립, 즉 생태계가 유지하는데 있어서는 어쩔 수 없는 선택이 아닌가 싶습니다. 인간과 닭, 인간과 돼지보다는 인간과 인간, 즉 인간끼리의 인연이 가깝기 때문에 어쩔 수 없이 조금 먼 인연을 버리는 그런 일이 됩니다.

과거에 스님들이 승병을 일으켜서 상대방을 살육하기도 했습니다. 그런 경우도 인연법 때문에 그렇습니다.

나의 부모 형제 또는 겨레와 같이, 나와 가까운 인연보다 멀리 있는 인연들이 와서 우리를 해친다면 어쩔 수 없이 그 먼 인연을 제압해서라도 가까이 있는 인연을 지켜야 하지 않겠습니까? 나와 가까운 인연을 지킨다고 하는 그러한 관점으로 봐야 합니다. 인연법의 소중함 때문에 그렇게 할 수밖에 없는 것이지요.

개미나 바퀴벌레 같은 해충 역시 그러한 맥락, 즉 인연법으로 보시면 됩니다.

저의 경우에는 개미 떼나 바퀴벌레가 방안으로 들면, 쓰레받기로 잘 쓸어서 마당 한가운데 가서 버립니다. 거기서 그 이후에 살아가는 것은 자신의 운명이겠지요. 다만, 제가 직접 죽이려고 애를 쓴다거나 직접 죽이진 않습니다. 그리고 다시는 방에 그런 벌레들이 들어오지 못하도록, 서식하지 못하도록 벌레가 없는 상태에서 약을 친다거나 깨끗하게 닦아 냅니다. 그러면 그 뒤로는 벌레가 거기 두 번 다시 들어오는 일은 잘 없습니다.

만일 불자가 돼서 어쩔 수 없이 벌레를 죽이게 되면, 그것이 벌레에게 미안한 것은 분명히 맞습니다. 제게 질

옴 모지짓다 못다 바나야 믹

문을 해 오신 분도 직접적으로 그런 표현은 안 했지만, '해충일지라도 죽이고 나니 마음이 아픕니다' 하시는 것 같습니다. 하지만 자기 가족의 건강이 우선이니까 어쩔 수 없이 그 벌레들을 처리한 것이지 않습니까. 이런 경우에는 벌레를 처리한 뒤에 발보리심진언을 좀 외우시면 좋습니다. 오늘 법문 시작 전에 함께 외웠지요. '옴 모지짓다 못다 바나야 믹' 이 발보리심진언을 세 번 외워 주는 것이 좋습니다. 그냥 무자비하게 막 죽이는 것보다는 연민의 마음을 갖고 발보리심진언을 외워 주면 좋습니다.

전염병 때문에 죽이게 된 닭, 돼지 등의 가축들을 TV 뉴스에서 보게 되거들랑, TV를 보면서도 '좋은 데 태어나라' 이렇게 속으로 바라면서, 옴 모지짓다 못다 바나야 믹을 한 서너 번 정도 이상 외워 준다면, 그 불자는 참으로 옳은 불자, 바른 불자가 아닌가 싶습니다.

이처럼 우리는 어쩔 수 없이 다른 생명을 죽이게 되는 경우가 있습니다. 이런 경우에는 보리심 또는 자비심을 완전히 버리지 말고, 가능하면 그 동물 또는 가축에 대해서 연민의 마음으로 '좋은 데 태어나거라' 하는 축원 겸 발원이 있으면 좋겠습니다.

  오늘 저의 대답이 다소 조금은 부족할지도 모릅니다. 이 문제는 근본적으로 해결되지는 않기 때문에 그렇습니다. 이는 우리 인간을 위해서는 정말 불가피하게 죽이지 않으면 안 되는 상황에서 비롯된 것이라 그런 것입니다. 인연의 가깝고 멈, 그 거리를 기준으로 보았을 때 어쩔 수 없이 가까운 인연을 챙기다 보니, 조금 거리가 있는 인연에 대해서는 상대적으로 처리할 수밖에 없는 어려움이 생기는 것 같습니다. 그래도 늘 발보리심진언이라도 꼭 외우면서, 마음에 항상 보리심과 자비심을 새기며 살아가는 불자가 되어야겠습니다.

내일 다시 뵙겠습니다.
관세음보살

無一우학
說法大典

132
불자는 부자 되기 쉽다! 부자 되는 비결

2020. 07. 08. 대구큰절 옥불보전

관세음보살. 유튜브 불교대학 시청자 여러분, 반갑습니다. 오늘은 좀 재미난 주제를 가지고 말씀드리겠습니다. '불자는 부자 되기 쉽다'입니다. 부자가 되고 싶은 분은 끝까지 시청해 주시면 좋겠습니다. 부자가 안 되고 싶은 분들은 안 들으셔도 됩니다.

불자는 대부분 스스로 '나는 부자다'라고 생각합니다. '마음이 부자면 다 부자지'라며, 한 경계 넘은 도인처럼 말하는 사람이 많습니다. 사실 맞는 말입니다. 만족하는 사람이 가장 큰 부자다, 말은 맞습니다.

경전에도 그런 말이 있습니다. 그런데 세상을 살다 보면, 세상일을 하다 보면, 그렇게 마음만으로만 되지는 않습니다. 금전이 꼭 필요할 때가 많습니다. 돈 쓸 상대가 있는 곳이 이 세상이기 때문입니다. 그래서 오늘은 현실적인 관점에서 객관성 있는 부자에 대해서 말씀을 좀 드리겠습니다.

이 문제에 대해서는 한국불교대학 大관음사의 경우를 들어서 설명하는 것이 좋을 것 같습니다.

1992년, 약 한 28년 전쯤 됩니다. 제가 불교대학을 처음 시작할 때, 전세비 3천만 원이 없어서 빚을 내서 전셋돈을 마련했습니다. 그렇게 시작이 되었습니다. 하지만 지금은 종단에 내는 분담금만 6, 7천만 원이 될 정도로 소위 말하는 큰 부자 절로 발전을 했습니다. 여기에는 창건주인 저의 소신과 철학이 담겨 있습니다. 사찰을 키우고 경영하는 문제에 있어서 일반 사회의 사업체와 큰 차이가 없을 것이므로, 부자가 되고 싶은 사람은 꼭 제 얘기를 타산지석(他山之石)으로 삼으십시다.

　제가 사회에서 사업을 해 보았기 때문에 이 주제를 던지는 것이 아니라, 사찰 경영도 결국에는 사회에서 사업체를 운영하는 것과 비슷한 원리로 돌아가지 않겠는가 해서 드리는 말씀이기 때문에 제 경우를 잘 참고하시면 좋겠습니다. 이것은 제가 저를 자랑하려는 목적이 아닙니다. '어떻게 하면 우리 불자들이 부자가 되게 할까?'라는 마음에서 이 주제를 잡은 것입니다. 결코 상(相)을 내고자 해서 하는 말이 아니라는 것을 재삼 말씀드리면서, 본론으로 들어가겠습니다.

그렇다면 불자가 부자가 되려면 어떻게 해야 하는가?

첫째, 정도(正道)대로 가야 합니다.

저는 정도를 지키기 위해서 오로지 부처님 법, 즉 경전만을 가르쳤습니다. 다른 사람들이 말하는 사주팔자, 풍수지리 등 외전(外典)에 가까운 그러한 내용들은 일절 말하지 않았습니다. 오로지 정도대로 갔다는 것은 오로지 부처님 법만을 가르쳤다, 이 말입니다.

그리고 정통적인 수행만을 가르쳤습니다. 사법(邪法)에 가까운 수행은 일절 말하지 않았습니다. 정통적인 수행이라, 생각해 보면 다 아실 겁니다. 비(非) 불교적인 것은 일절 다 배제했습니다. 그 덕분으로 제가 이쯤까지 사찰을 키울 수가 있었다고 생각합니다.

일반 사회도 마찬가지입니다. 편법이나 요행은 통하지 않습니다. 편법이나 요행수를 바라면 절대 성공할 수 없습니다. 사찰로 말하면, 오로지 부처님 경전 공부하고 바른 수행하는 것만이 성공의 가장 큰 주춧돌이라고 보면 됩니다.

둘째, 철저한 공심(公心)으로 살아야 합니다.

저는 첫 문을 여는 날부터 단단히 각오했습니다.

'나는 절대 나 자신의 사리사욕을 위해서 절 운영을 하지는 않겠다.'

그래서 그날 이후로 저는 단 한 번도 불전함의 시줏돈을 제 손으로 만진 적이 없습니다. '나는 절대로 불전함의 시줏돈을 만지지 않겠다. 그것이 내 사리사욕을 억제하는 하나의 방법이다' 라는 것에 아주 확신을 가지고 있습니다. 그리고 그것을 지금도 실천하고 있습니다.

돈을 만지다 보면 사리사욕이 일어나지요. 그걸 스스로 제어하고 스스로 통제하기 위해서 신도님들이 내는 시줏돈이나 불전함에 일절 손대지 않았다는 것입니다. 지금은 직원들이 있어서 관리는 하겠지만, 제 자신이 그런 마음을 먹고 일절 거기에 손대지 않았습니다. 그러한 약속을 제 스스로 했고, 지금도 어기지 않고 있습니다.

사리사욕만 개입되지 않아도 그 사회단체나 사업체는 성공합니다. 저는 분명히 장담합니다. 자기 개인의 욕심을 생각하니 중간에 돈이 새고, 그 사업체가 안 되는 것입니다. 사업체와 내가 동일체라고 생각을 한다면, 그 회사는 분명히 발전할 것입니다. 회사를 운영하거나 절을 운영함에 오너 되는 사람이 사리사욕을 가지게 되면, 반드시 문제가 생기고 거기서 발전은 끝입니다. 부자가 되고 싶은 사람은 늘 이 생각을 해야 합니다.

셋째, 끊임없이 노력해야 합니다.

저는 한 시간 동안 경전을 가르치기 위해서 길게는 스무 시간 이상을 공부한 적도 있습니다. 지금도 한 시간을 가르치기 위해서 오랜 시간 동안 제가 제 마음 가운데 또 다른 나를 통해서 점검하고, 자료를 찾습니다. 그리고 저는 스스로 내공을 다지기 위해서 틈틈이 수행 정진합니다. 하안거, 동안거를 가능하면 찾으려고 애를 썼습니다. 2005년에는 아예 무일선원 무문관을 열고, 이후 그곳에서 3년 정진 결사를 한 적이 있습니다. 내공이 튼튼하지 않은데 일이 될 수는 없습니다. 그것도 끊임없이 노력하는 일 중 하나입니다.

자기 분야에 있어 끊임없이 공부하고 탁마하며 노력해야 합니다. 즉, 24시간 깨어 있어야 하고요. 365일 깨어 있어야 합니다. 회사 일을 하든 사업체를 운영하는 사람이든 그 사람 본인의 내공이 튼튼해야 합니다. 본인의 실력이 출중해야만 합니다. 자신의 실력이 출중하지 않으면 남보다 더 낫게 그 회사를 운영해 갈 수가 없습니다. 끊임없이 노력하는 사람만이 나중에 부자가 될 가능성이 있는 것입니다.

넷째, 조급하지 않아야 합니다. 아주 중요합니다. 대부분 회사를 운영하면서 실패하는 이유를 살펴보면, 너무 조급하게 생각하다가 망하는 수가 참으로 많습니다.

저는 사찰을 창건한 후 한 단계 한 단계 밟아서 올라갔습니다. 절대 무리한 욕심을 내지 않았습니다. 성공에 대한 집착, 지나친 기대 등 그러한 것들을 하지 않았습니다. 그냥 순리대로 묵묵히 하면서 결과는 부처님께 맡겼습니다.

지금의 유튜브불교대학도 마찬가지입니다. 매일매일 원고를 쓰고 녹화를 하면서, 저 나름대로 최선을 다해 열심히 할 뿐입니다. 더 많은, 그리고 기대보다도 더 큰 무엇을 욕심내지는 않습니다. 저는 묵묵히 최선을 다해 간다면 유튜브불교대학도 잘 되리라고 생각할 뿐입니다.

저는 '한꺼번에 10만 구독자, 100만 구독자가 될 것이다' 이런 생각은 아예 하지 않습니다. 사회 일도 마찬가지라고 봅니다. 사회 일, 사회 사업체도 너무 조급하면 일을 그르칩니다. 이 점을 아주 깊게 생각하고 있어야 합니다. 절대 조급하게 생각하지 마십시오. 조급하게 생각하다 보면 일을 그르칩니다.

다섯째, 지금 할 일을 잘 하면서, 원력을 세워야 합니다. 저는 창건한 첫해부터 제가 할 일을 찾았습니다. '먼저 초·중·고·대학생과 청년 법회를 분명히 해야 한다. 초·중·고·대학생과 청년 법회를 통하지 않으면, 불교는 발전할 수 없다. 그러므로 초·중·고·대학생과 청년 법회를 튼튼히 하는 것, 그것이 내 할 일이다' 라는 생각을 했습니다. 그래서 지금까지도 젊은 층 법회를 잘하고 있습니다.

또한 '지금 내가 할 일은 수행이다. 경전 공부도 공부지만 수행이 중요하다' 라고 생각해서, 신도님들과 같이 철야기도를 하고 방생 기도를 했습니다. 이것은 기본이고, 10만 배를 거뜬하게 한 적도 있습니다. 그것은 수행자로서 자기 일을 잘하고 있다는 말이기도 합니다.

한편, 저는 먼 계획, 원력을 세우고 그것을 잊지 않았습니다. 지금 돌이켜 생각해 보면, 현재 이루어지고 있는 한국불교대학의 모든 일이 초창기, 창건 첫해, 두 번째 해, 세 번째 해에 세운 원력들입니다. 그 당시에 펴낸 책에 '앞으로 어떠한 로드맵을 가지고 갈 것이다' 라고 하는 내용들이 있어요. 그때부터 다니셨던 우리 신도님들이 지금 와서 "스님, 그때는 참 허황했는데, 지금 일이 다 이루어지셨네요."라고 말을 합니다.

저는 긴 안목으로 원력을 세우고 왔을 뿐입니다. 특별한 방법이 따로 있었던 게 아닙니다. 현재 한국불교대학에서 하고 있는 일들을 살펴보면, 어린이집, 유치원, 중·고등학교, 세계적인 명상센터인 B.U.D 명상센터, 복지, 병원 등 아주 다양합니다. 이렇게 모든 것을 갖춘 현대판 종합 총림(叢林)이 된 것은 제가 25, 6년 전에 세운 원력에 기반을 두고 있습니다.

사회에서 성공하려면 조급하게 가지는 않아야 합니

다. 그리고 긴 안목의 먼 계획도 있어야 합니다. 성공하기 위해서, 부자가 되기 위해서는 그런 먼 안목의 어떤 목표점을 두고, 그쪽 방향을 향해 묵묵히 걸어가야 합니다.

여섯째, 큰일을 함에 있어서는 앞만 보고 가야 합니다. 앞만 보고 가라, 다시 말해 주위의 시샘이나 비방, 음해에 절대 눈길을 돌려서는 안 됩니다. 이해가 되시지요? 이 부분은 제가 더 말씀드리지 않아도 다 아시리라 봅니다.

지금까지 여섯 가지를 말씀드렸습니다. 분명히 장담하건대, 이 여섯 가지만 잘 실천하신다면 분명히 부자가 될 수 있습니다.

부자는 절대 그냥 되는 것이 아닙니다. 제가 부분부분 말씀드렸습니다만, 반드시 불교적 마인드가 필요합니다. 불교적 마인드대로 실천하고 생활한다면, 분명히 그 불자는 부자가 될 수 있습니다. 제가 드린 말씀을 참고해서, 특히 젊은 사람일수록 제 말을 잘 참고해서 살아야겠습니다.

이 방송을 듣는 모든 분들이 부자 되시기 바랍니다.

 내일 다시 뵙겠습니다.
관세음보살

無一우학
說法大典

133
불교는 인간만을 위한 종교가 아니다

2020. 07. 09. 대구큰절 옥불보전

 관세음보살. 유튜브불교대학 시청자 여러분, 반갑습니다. 오늘은 '불교는 인간만을 위한 종교가 아니다' 라는 주제로 말씀을 드리겠습니다.

질문입니다.

"절에는 소리 나는 물건들이 많은 것 같습니다. 특히, 종각에는 종뿐만 아니라, 북, 운판, 목어도 있다고 들었습니다. 무슨 의미로 이러한 물건들을 치는지 말씀해 주시면 감사하겠습니다."

범종, 북, 운판, 목어를 가리켜 불교에서는 사물(四物)이라고 하는데, 오늘은 이에 대해 간단하게 답변해 드리겠습니다.

종각에 걸려 있는 종을 범종이라고 합니다. 범종은 육도중생, 즉 천상, 인간, 아수라, 지옥, 아귀, 축생, 이러한 일체중생을 위해 치는 의미도 있고, 특히 예로부터 지옥 중생을 위해서 범종을 친다고 하였습니다. 지옥 중생을 위해서 범종을 치는 것은 아주 의미심장하다고 볼 수 있겠습니다. 이러한 범종은 각 절마다, 특히 산중절에는 거의 다 있습니다.

무일선원 무문관과 B.U.D 세계명상센터가 있는 감포 도량에도 범종이 잘 조성되어 있습니다. 범종으로는 국립경주박물관에 있는 에밀레종, 봉덕사종이 아주 유명합니다.

둘째는 북입니다. 북을 보통 법고라고 하는데, 진리를 설파하기 위해서 두드리는 의미를 가지고 있습니다. 주로 생명이 다한 소의 가죽을 가지고 만든다고 합니다. 그래서 법고를 치는 목적에는 진리를 설파하기 위한 의미도 있지만, 특별히 가죽 짐승을 제도하기 위해서 친다는 의미도 있습니다. 소, 돼지, 개, 고양이, 말, 염소 등 우리 주위에서 흔히 볼 수 있는 가축류, 반려동물들이 법고 소리에 제도된다고 볼 수 있겠습니다.

셋째는 운판으로 구름 모양의 쇠판입니다. 운판은 날짐승, 날아다니는 중생을 제도하기 위해서 두드립니다. 그래서 운판을 치는 사람은 날짐승을 제도한다는 마음을 가지면 더욱 좋겠습니다. 물론 듣는 사람도 이 소리를 듣고 날짐승들이 다 제도 되어기를, 다 해탈하기를 발원을 한다면 더없이 좋겠습니다.

넷째는 목어입니다. 목어는 물고기 모양의 법구로 주로 수중 중생, 즉 물고기를 제도하기 위해 두드립니다. 그리고 이 목어는 나중에 목탁으로 발전했다는 설이 아주 유력한데, 그것이 맞는 말인 것 같습니다. 목어, 목탁을 치는 것는 물고기처럼 눈을 감지 말고, 늘 깨어 있으라는 깊은 뜻이 담겨 있습니다.

이상 사물(四物), 범종, 법고, 운판, 목어를 치는 의미에 대해서 간략하게나마 말씀드렸습니다만, 이를 한마디로 말하자면 불교는 인간은 물론이고, 인간 이외의 모든 중생을 가엾이 여기고 제도하겠다는 원을 가진 종교임을 이 사물을 통해 분명히 밝히고 있습니다. 즉, 생명을 가진 것은 다 소중하다는 말이기도 합니다.

일체중생(一切衆生) 개유불성(皆有佛性), 열반경(涅槃經)에 나오는 이 말씀이 우리가 사물(四物)을 치는 중요한 하나의 정신적, 내용적 근거가 되지 않을까 생각합니다.

일체중생(一切衆生) 개유불성(皆有佛性)
일체중생이 모두 부처님 성품을 가지고 있다.

일체 모든 생명 있는 존재는 다 부처님 성품이 있으니, 일체 모든 생명 있는 존재는 거룩합니다. 그러므로 그만큼 인정받아야 하며, 모든 생명이 다 소중한 것입니다.

모든 불자들은 우리 인간 이외의 생명들에 대해서도 그 고귀함을 늘 인정하면서 더불어 같이 살아가야겠습니다. 자연과 자연 속에 있는 뭇 생명들과 같이 살아가려는 마음, 그런 정신이 있어야 합니다. 그리하면 이 세상은 분명히 불교로 인해서 온 우주 생명들이 좀 더 평화스러울 수 있을 것입니다.

내일 다시 뵙겠습니다.
관세음보살

無一우학
說法大典

134
천도재를 잘 지내려면
천도재 공덕 이야기

2020. 07. 10. 대구큰절 옥불보전

관세음보살. 유튜브불교대학 시청자 여러분, 반갑습니다. 오늘은 '천도재 공덕의 이야기'와 '천도재를 잘 지내려면 어떻게 할 것인가?'에 대해 말씀드리겠습니다.

천도재를 올리는 의미(1)에 대해서는 이미 여러 차례 유튜브 방송을 통해서 말씀을 드린 바가 있습니다.

먼저 '천도재의 공덕 이야기'에 대해 말씀드리겠습니다. 오늘의 이야기는 저의 본사인 통도사에서 전해 내려오는 이야기입니다. 그리 오래되지 않은 일입니다.

20대 청년이 절의 일꾼으로서 살았습니다. 쉽게 말하면 머슴이지요. 머슴이 사는 방을 신방이라고 합니다. 청년은 신방에 거처하면서 절에서 해 주는 밥을 얻어먹으며 허드렛일을 하며, 어렵사리 살았던 모양입니다.

어느 날 저녁에 한 스님이 보니, 젊은 청년이 아까 저녁밥을 분명히 먹은 것 같은데, 또 다른 밥상을 한 상 잘 차려서 헛간으로 들고 가는 것이었습니다. 스님이 보기에 너무나 이상해서 그의 뒤를 몰래 따라갔습니다.

스님이 헛간을 살며시 들여다보니, 청년이 차린 밥상을 거기 갖다 놓고는 절을 꾸벅꾸벅하면서 중얼거리는 것이었습니다. 옛날 사람들은 뭐 할 때마다 보통 입으로 중얼거립니다. 그것이 축원인 셈이지요.

"부모님, 제가 못나서 올해도 따뜻한 밥을 드릴 수 없습니다. 하지만 이 밥은 부처님께서 주시는 밥이므로 저로서는 참으로 과분합니다. 올해는 이 밥을 드십시오."

이렇게 중얼거리며 절을 하는 것이었습니다. 몰래 따라와서 보던 스님이 곧바로 알아차렸습니다.

'비록 머슴으로 살고 있지만 정신은 굉장히 긍정적이고 매우 훌륭하구나.'

그래서 스님은 청년에게 "스님이 되어 보는 것이 어떻겠느냐?" 하고 권유했습니다.

그때 당시에는 출가자가 워낙 많아서, 머슴 중에서도 특별히 인물이 될 만한 사람만 뽑아서 스님으로 만들던 시대였습니다. 머슴으로 있는 것보다는 스님이 백배 낫지요. 그러니까 청년이 곧장 대답했습니다.

"제가 스님이 되어 보겠습니다."

그리하여 청년이 스님으로 살게 되면서 받은 법명이 '난봉'입니다.

난봉 스님이 한 10년쯤 절에서 살며 공부를 하다 보니, 해가 거듭될수록 부모님 은혜가 너무나 깊다는 것을 절감하게 되었습니다. 그래서 스님은 '부모님 은혜를 갚아야 하는데 내 부모님은 어디 계실까?'라는 생각을 하며, 부모님을 위해서 1년 천도재를 지냈습니다. 1년 천도재는 1년 동안 매주 한 번씩 재를 지내는 것입니다. 그렇게 1년을 꼬박 재를 지내고, 드디어 1년 회향을 잘했습니다. 회향한 바로 다음 날 꿈에 부모님이 나타났습니다.

"우리를 위해 네가 이렇게 신경 써서 기도해 주니 너무나 고맙구나. 하지만 우리가 살 있시는 못한다. 만일 네가 우리의 정체를 알고자 하면, 언양 삼동골에 있는 너의 외갓집에 한번 가보거라."

꿈이 너무나 생생했기도 하고 1년 기도도 끝났으므로 난봉 스님은 언양까지 갔습니다. 통도사에서 언양까지는 한 서너 시간 정도 소요될 겁니다. 스님이 언양 삼동골에 갔을 때 희한한 일이 벌어졌습니다. 외갓집에서 키우던 소가 한 마리 죽었는데, 옆집 사람이 뛰어와서 하는 얘기가 마침 자신의 소도 죽었다는 것입니다. 그러니까 소 두 마리가 동시에 같이 죽은 것입니다. 직감적으로 무언가를 느끼면서 난봉 스님은 다시 통도사로 돌아왔습니다. 돌아오는 내내, '그럼 부모님이 저 소로 태어났었단 말인가?' 이런 생각을 하지 않을 수가 없었습니다. 그리고 그날 밤 꿈에 또 부모님이 나타나 말했습니다.

"오늘 우리의 모습을 잘 보았느냐? 이생에 있을 때 잘못 살아서 소로 태어나 뼈 빠지게 고생을 아주 많이 했단다. 그런데 우리 아들 스님이 천도재를 잘 지내준 덕분에 이 몹쓸 몸을 벗게 되었단다. 너무너무 고맙구나. 우리가 좋은 세상에 가서 우리 아들이 큰스님이 되도록 늘 보살펴주마."

잠에서 깨어난 난봉 스님은 '아, 천도재가 잘 되었구나' 라는 생각을 가지게 되었고, 그 후 통도사의 큰스님이 되었다고 합니다.

이 이야기는 그리 오래된 이야기가 아닙니다. 스님들의 입에서 입으로 이렇게 전해져 오고 있는 실화입니다.

이 이야기는 '천도재를 잘 지내게 되면, 축생으로 태어났더라도 좋은 세상에 날 수 있다. 반드시 천도 될 수 있다'라는 것을 우리가 실감할 수 있는 얘기가 아닌가 싶습니다(2).

옛날부터도 '일자출가(一子出家) 구족생천(九族生天)'이라 했습니다. 한 사람이 출가하면 구족이 다 하늘에 난다는 뜻으로, 출가는 참 좋은 길이라는 말입니다.

제가 출가한 뒤 우리 부모님께서 통도사에 찾아오셨을 당시, 통도사 선방 원주 스님이 이 이야기를 부모님께 해 주셨던 것 같습니다. 나중에 부모님께서, "그래, 일자출가에 구족이 생천한다고 내가 얘기 들었다." 그러셨거든요. 그 말씀 덕분으로 후일 부모님께서 저의 출가를 허락하시는 게 조금은 쉬워지지 않았겠나 싶습니다.

오늘 이 이야기의 핵심은 첫째, 천도재를 지극정성 잘해 드리면 선망 부모 조상, 인연 있었던 영가들이 좋은 세상에 날 수 있다, 좋은 세상으로 안내가 된다는 것입니다. 돌아가신 지가 얼마 되었든지 상관없습니다. 그 기간은 전혀 문제가 되지 않고요. 그저 정성껏 잘해 드리기만

한다면 기도의 힘, 마음의 에너지가 조상에게 분명히 미치며 공덕을 입게 됩니다. 그리고 둘째는 재를 지내는 후손 또한 조상들의 그 음덕을 입어서 분명히 잘 될 것이라는 것입니다.

그러면 "아무 데나 가서 천도재 해도 됩니까? 천도재를 드리기만 하면 잘 됩니까?"라고 묻는 사람도 있을 것입니다. 그렇지 않습니다. 천도재를 잘 지내려면 거기에 따르는 조건들이 좀 있습니다. 제가 지금부터 천도재를 잘 지내기 위해 필요한 조건들을 말씀드리겠습니다.

첫째, 도량이 청정해야 합니다. 도량이 청정하지 않은 곳에서는 천도가 잘 되지 않습니다.

둘째, 재를 지내는 스님들이 청정해야 합니다. 비구, 비구니 등 청정 비구 대중이라야 합니다.

셋째, 정법(正法) 의식대로 정성껏 지내야 합니다.

넷째, 재를 지내는 후손, 재자(齋者)의 정성이 같이 들어가야 합니다. 재를 지낸다고 하면서 재의식에 재자가 참석하지 않는 경우들이 있습니다. 예를 들어, 온라인으로 그냥 입금해 놓고, "재 좀 지내주십시오." 하는 경우들이 있어요. 물론, 전혀 안 하는 것보다는 백천 번 나을 수 있습니다. 하지만 직접 동참하는 것이 도리에 맞는 일이기도 하고, 또 그래야지 천도가 잘 됩니다. 그러므로 재자들이 집에서라도 대승경전, 특히 금강경을 같이 좀 읽어야 합니다.

　사시는 곳이 절과 너무 멀리 떨어져 있어서 전화로 "천도재 좀 올려 주십시오." 하고 부탁할 수도 있습니다. 그런 경우도 없잖아 있을 수 있습니다. 사정상 어쩔 수 없이 그러는 것이니, 집에서라도 반드시 기도하시라는 겁니다. 본인들이 그 사찰에 직접 갈 수 없는 형편이라면, 그 시간에 맞추어서 백중 천도재면 백중 천도재 기간 동안, 49재면 49일 동안 집에서라도 열심히 금강경을 읽으시고 사경도 하시라는 말입니다. 사경한 용지는 절에 보내서 '잘 소각시켜 달라'라고 부탁하면 됩니다. 이렇게 자기 정성이 분명히 들어가야 좋습니다. 자기 정성은 전혀 들이지 않고, 스님들에게만 부탁해서는 그 정성이 10분의 1, 100분의 1로 줄어듭니다.

　다섯째, 재는 기회가 닿을 때마다 해 드리면 좋습니

다. 제가 우란분절 법문에도 말씀드리겠습니다만, 목련존자의 어머니도 한 번에 천도가 된 것이 아닙니다(2). 무간지옥에서 도리천으로 단 한 번에 올라가지는 못했습니다. 몇 번의 단계가 있었습니다. 그러니까 기회가 있을 때마다 재를 챙겨서 천도해 드리는 것이 좋습니다.

오늘은 각 절 마다 봉행하게 될 백중 49일 천도재를 앞두고 말씀을 드렸습니다. 인연 있는 절에 가서서 꼭 조상 영가들을 모셔 주시기 바랍니다. 특히 제사를 모시기가 조금 불편했던 사람들, 말하자면 친구 영가나 유산 영가 등도 꼭 천도해 주시기를 바랍니다.

모든 불자들은 백중 천도 기간 동안 늘 금강경을 사경하고 독송하시기 바랍니다. 다들 수행하는 불자 되시어, 이번 백중 기간이 다부지게 수행하는 기간이 되시기를 바랍니다.

내일 다시 뵙겠습니다.
관세음보살

참고하시면 좋은 법문

(1) 이미 환생했다면 제사가 무슨 소용? (설법대전 5)
    백중, 천도재의 의미 (설법대전 7)
(2) 백중의 경전적 유래 (설법대전 8)

禪(선)
無一 우학 스님 作

無一우학 설법대전(7)

초판발행 2022년 1월 20일(불기 2566년)

저자 無一 우학 큰스님
녹취 이원정(세지)

펴낸곳
도서출판 좋은인연(한국불교대학 부속)
편집 / 김현미
등록 / 제4-88호
주소 / 대구시 남구 중앙대로 126
전화 / 053.475.3707, 6

가격 10,000원
ISBN 979-11-92276-02-1 (04220)

■ 잘못된 도서는 구입하신 곳 또는 도서를 증정받은 곳에서 교환해 드립니다.
■ 법보시 받습니다. 보시하신 책은 군법당, 교도소 등에 무료 배포됩니다.

대한불교조계종 한국불교대학 大관음사
홈페이지 / 한국불교대학
다음카페 / 불교인드라망
유튜브 / 유튜브불교대학, 비유디